目次

JN245385

図1　現在の青島の位置

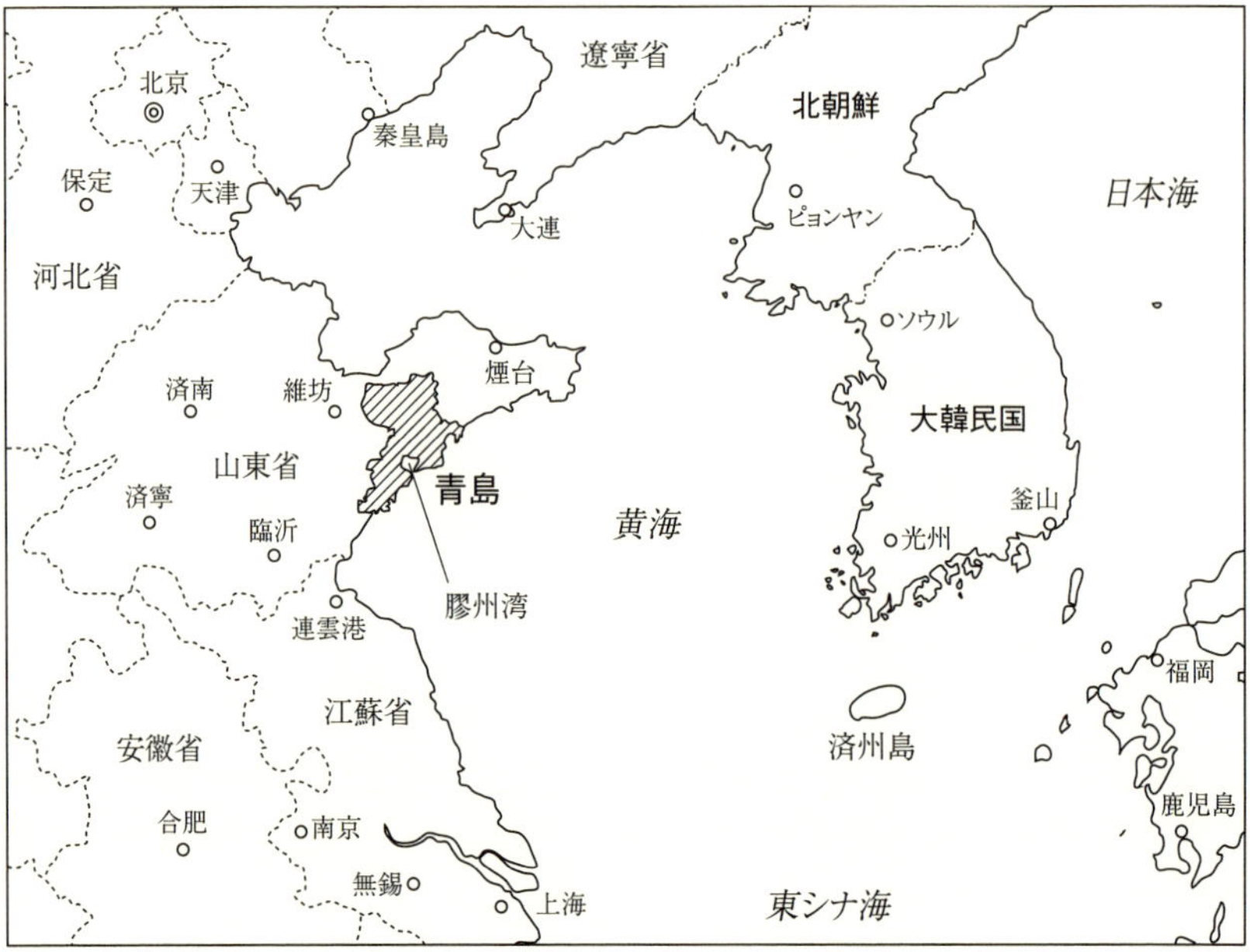

凡例

1　資料の引用に際しては、次のような基準に従った。

①旧字体の漢字や俗字は原則として常用漢字に改めた。ただし人名に関しては旧字体を使用した場合もある。また難読字にはふりがなを付した。引用資料に誤字があった場合には「ママ」というルビを付した。

②読みやすさを考慮して、漢字仮名交じり文を漢字ひらがな文に書き換え、適宜句読点を加えた。

③引用者による註記・補足は（　）で示し、中略は（…）で示した。

2　当時の集団の呼称、地域名、国名などについて、現在では一般的に用いなかったり不適当と考えられるものも、原則的にカギカッコに入れて用いる。

3　研究書などから引用する際には引用箇所の後ろのカッコ内で執筆者と出版年または資料名を二重カギカッコで示し、巻末の参考文献一覧表に引用元をまとめた。

4　巻末の旧日本人学校校舎案内図は百度地図（http://map.baidu.com/）を用いて筆者が作成した。また校舎の現在の写真は筆者が撮影した。

青島と日本――日本人教育と中国人教育

一　はじめに

1　日本と青島との関係

みなさんは、中国山東省にある「青島《チンタオ》」という街をご存じでしょうか？「青島ビール」の名前で、青島の名は聞いたことがあるという方もおられることでしょう。しかし、青島についてある程度知っている人であっても、「青島はドイツの植民地だったところ」と認識しているに留まり、日本との関係について知らない人がほとんどではないでしょうか。青島がどんな街で、どこにあり、日本との関係がどうだったのか、と尋ねられてすぐに答えられる方はさほど多くないと思います。後に見るように、実は第一次世界大戦中に日本が青島を占領して以来、日本は青島という街に深く関わっていきます。

そこで本書では、青島と日本との関わりについて、学校教育の側面から紹介していきます。特に日本が行った学校教育について、第一部で中国人を対象とした学校、第二部で日本人を対象とした学校について紹介していきます。

2 世界史の中の青島

青島は［図1］のように山東半島の南側沿岸部の中間にある港湾都市です。かつては膠州《こうしゅう》湾奥の膠州が浙江《せっこう》省との貿易船の寄港地で、一九世紀後半は五万人の人口を擁する都市として栄えていましたが、一八九八年にドイツが膠州湾租借地を設置して青島という都市を形成した結果、この地域での中心地は青島に移っていきました。

青島の統治者の変遷を［表1］にまとめました。青島は二〇世紀前半に波瀾万丈の歴史をくぐり抜けます。何度も支配者が入れ替わり、中国の複雑な歴史が青島に折り重なっていることがわかります。青島守備軍は日本の占領軍で、中華民国臨時政府は日本の実行支配下にありました。そのため、本書では青島守備軍統治時代を第一次日本統治時代、中華民国臨時政府時代を第二次日本統治時代とします。

日本が青島と深く関わることになったのは、第一次世界大戦がきっかけでした。一九一四年六月のサラエボ事件をきっかけに第一次世界大戦が勃発します。日本は日英同盟に基づいてドイツと戦争することを決定します。そこでドイツが支配していた膠州湾租借地を中国に返還するために日本が一旦確保する、という名目で一一月に日本が青島を占領し、青島守備軍による軍政を敷きます。さらに、翌一九一五年にドイツの山東権益の継承と満洲での権益拡大を狙った「対華二十一箇条要求」を中国の袁世凱政権に突きつけます［井上 二〇一四］。このことが中国の民衆に「民族意識」を喚起させる重要なきっかけとなりました。

一九一八年に第一次世界大戦は終結し、翌年アメリカ・イギリス・フランス・イタ

表1 青島における統治権力の変遷

統治期間	統治権力
1898-1914	ドイツ総督府（ドイツ）
1914-22	青島守備軍（日本）
1922-28	北京政府（中華民国）
1928-37	南京国民政府（中華民国）
1938-45	臨時政府（中華民国、日本の実効支配）
1945-49	戦後南京国民政府（中華民国）
1949-	中華人民共和国

リア・日本の五大国を中心とするパリ講和会議が開催されました。「敵国」ドイツが敗戦したので、日本が青島を占領し続ける理由がなくなります。しかし、日本は戦争で得た権益を手放さず、青島を支配し続けました。ドイツが負けたのだから、日本は早く青島を直接中国に返還すべきである、という意見が中国側で強まりますが、講和会議では中国側の意見が拒絶されてしまいます。このことをきっかけに北京の学生を中心に「青島奪回」を叫んで行われたのが、「五四運動」です。すなわち、「五四運動」は青島を中心とする山東問題が原因で起こったのです。こうした中国国内の情勢を背景に、中国の代表団はパリ講和条約の締結を拒否します［久保ほか 二〇〇八］。そこで一九二一年から翌二二年にかけてワシントン会議が開催され、日中間で「山東懸案に関する条約」が締結され、中国に青島が返還されることとなります。一九二二年一二月に条約に基づき「山東還附」（中国への返還のこと）が行われ、膠州湾租借地は膠《こう》澳商埠《おうしょうふ》として中国に回収されます。しかし一九三七年の日中戦争勃発に伴い、再び日本軍の占領下に置かれます。同年一二月に中華民国臨時政府が成立し、華北占領地の傀儡《かいらい》政権を臨時政府に集約します。翌三八年一月に青島治安維持会が設置されると、南京国民政府時代の行政機構を接収します。初代会長には趙琪《ちょうき》という人物が就任します。彼は中華民国北京政府時代の膠澳商埠督辧《とくべん》という青島のトップを経験していました。つまり彼は二回青島のトップになったわけです。青島治安維持会は一九三九年一月に青島特別市公署が設置されると、その役割を終えて解消します。この時青島には興亜院の華北連絡部の出張所が設置されるなど、日本の華北占領の足掛かりとしても重要な都市の一つとなります。中国人を対象とした公私立学校もまた青島治安維持会、のちに青島特別市公署の統治下に入ります。

一九四五年八月に日本は連合国に無条件降伏すると、九月一七日に中華民国南京国民政府が青島の行政を接収します。市長には李先良が就任します。彼は日中戦争時に山東省における国民党軍の指揮を執り、一九四二年に代理青島市長に就任しました。そのため、日本の敗戦後に正式に青島市長になったのです。一九四五年一一月には青島市政府教育局が日本統治時代の公私立小学校を中心国民学校または国民学校に改称し、教員の再審査が行われます。こうして中華民国南京国民政府による教育行政が青島で行われることになります。しかし、対日戦争中は中国国民党と中国共産党は協力関係にありましたが、日本の敗戦後に両者の対立が表面化し、内戦状態に陥ります。青島はアメリカ軍が駐屯していたため共産党軍は衝突を避けるために青島を攻撃せず、主戦場にはなりませんでした。しかし両軍の戦闘は一進一退の膠着状態に陥り、共産党軍が青島を占領したのは一九四九年六月二日で、山東省では最も遅かったのです［山本 二〇一四］。同年一〇月に中華人民共和国が成立し、以後青島の教育は人民共和国の下で展開していくこととなります。

二　戦前青島の中国人学校

(1)　ドイツ統治時代の中国人学校

1　蒙養学堂の設立過程

本節では日本が青島を占領する前の、ドイツ統治時代の学校教育について見ていくこととします。特に、中国人向けの小学校であった「蒙養学堂」（以下カッコを略す）を中心にドイツによる蒙養学堂の設立過程を見ていきます。

一八九七年一一月一四日、ドイツ東アジア巡洋艦隊は山東省東南岸に位置する膠州湾を占領します。一八九八年三月六日にドイツと清朝政府との間で「膠州湾租借条約」が締結されます。この条約によって膠州湾租借地が設定され、その後およそ一七年間に亘ってドイツの統治下に置かれます。そして膠州湾の行政は、膠州領総督府〈Gouverment Kiaotschoul〉が担うこととなります［浅田　二〇一二］。こうした占領地行政の一環として、現地人教育が行われます。

それでは、膠州領総督府はどのような教育を現地人に対して行い、具体的にどのような学校が設立されたのか、見ていくことにしましょう。本項では蒙養学堂の設立過程を中心に紹介します。

第一次大戦の初戦においてドイツ領膠州湾租借地を占領した日本の青島守備軍は、『大正九年五月一日調　青島ノ教育』の中で、なぜドイツが膠州湾租借地を設置したのか、以下のように考えました。つまり膠州湾租借地を「経済的施設」とすると同時に「対支政策の策源地」として建設し、物質的開発だけでなく精神的な開発を行うことで政治上の勢力を扶植することを目指したのではないかと考えたのです。現地人教育にドイツが「多大の学資」を投じた理由として、外国留学を防止し、ドイツの「文明的科学を研究せしめ以て支那の人心を収攬《しゅうらん》（掴むこと）」しようとしたことを挙げています。さらに「多数の日本留学生を青島に奪わんとしたるが如し」と述べているように、青島守備軍はドイツの文教政策によって本来日本に来るはずの中国人留学生を青島に集めていると考え、現地人教育を日本への対抗措置と捉えたようです。

なぜドイツは膠州湾租借地に文化投資を行ったのでしょうか。その背景として、欒玉爾は一九〇五年と一一年のモロッコ危機で英仏に敗れてアフリカでの植民地獲得競争から撤退せざるをえなくなり、経済的将来性が見込める中国に目を向けるようになったと指摘します〔欒　二〇〇九〕。こうした文化政策の一環として、蒙養学堂の設立があったと考えられます。では、蒙養学堂はどのような過程で設立されたのでしょうか。青島軍政署『大正四年三月二十日　青島発達史』によると、租借地内の教育は旧来からある私塾以外は教師が設立した教育施設だったが、一九〇五年にドイツ総督府の行政公署が「幼稚園」を二ヶ所設立し、学生を三〇人ほど入学させた結果、人々は「幼稚園」を歓迎して資金を出した、とあります。「幼稚園」とありますが、『青島全書』第二版という別の資料は「蒙養学堂」としています。

第一次大戦前に青島に滞在したことがある上仲直明の『膠州湾詳誌』（博文館、一九一四年）によると、ドイツ政庁は中国人小学校に積極的に関わろうとしませんでしたが、学校経営の経験を得るために一九〇五年二月に青島郊外の二箇所に蒙養学堂を建てたとあります。最初に設置された二カ所の蒙養学堂のうち一ヶ所は台東鎮でした。台東鎮はドイツ人街であった市街中心地から離れた区域に中国人街として築かれ、中小会社や商社、家内手工業者が数多く住んでいました。台東鎮は商人層や労働者層が集まる地であったため、その子供達を教育する蒙養学堂が設立されたと考えられます。

最初に設置された蒙養学堂のもう一ヶ所は法海寺《ほうかいじ》でした（『青島市志・教育志』新華出

版社、一九九四年)。法海寺は青島郊外の仙家寨《せんかさい》という地域にありました。しかしなぜ、この郊外が蒙養学堂の設置地区として選ばれたのかはわかりません。ともかく、蒙養学堂は当初市中心部ではなく、郊外から設立されました。

こうして蒙養学堂は［図2］のように一九〇五年から次々に設立されていきますが、その多くは既存の教育機関だった私塾を改造したものでした。逆に言えば、蒙養学堂は私塾を引き継いで設立されたのです。

その後蒙養学堂の数はどのように増えていったのでしょうか。李村区では法海寺、宋哥庄、浮山後、灰牛石、登窰《とうよう》、九水、埠落、趙哥庄に蒙養学堂が置かれ、青島区では包島、台東鎮、薛家《せっか》島、北庄にそれぞれ蒙養学堂が置かれます。このように一九一二年時点で李村区には八校、青島区には四校蒙養学堂が設置されました。その後日本が青島を占領する前までに二六校まで増設されました。その二六校があった地域は、青島区は「青島、台東鎮、薛家島、施溝、辛島、南屯、濠北頭、瓦屋《がおく》荘」の八校で、李村区は「李村、浮山後、滄口（原在甕窰頭）、趙哥荘、法海寺、九水、埠落、灰牛石、侯家荘、朱家窪、陰島、上流、宋哥荘、登窰、姜哥荘、于哥荘、下河、香裏等」の一八校でした。これらの地域は青島市内や人口が比較的多い各村落であり、租借地内の主だった村落を網羅しています。

こうして蒙養学堂が広がっていくことは、租借地内の住民はドイツが行おうとした学校教育に関心を示し、支持していたと言えます。もしそうでないのなら、蒙養学堂の数はこのように増えることはなかったでしょう。

図2　青島の公立小学校数の変遷

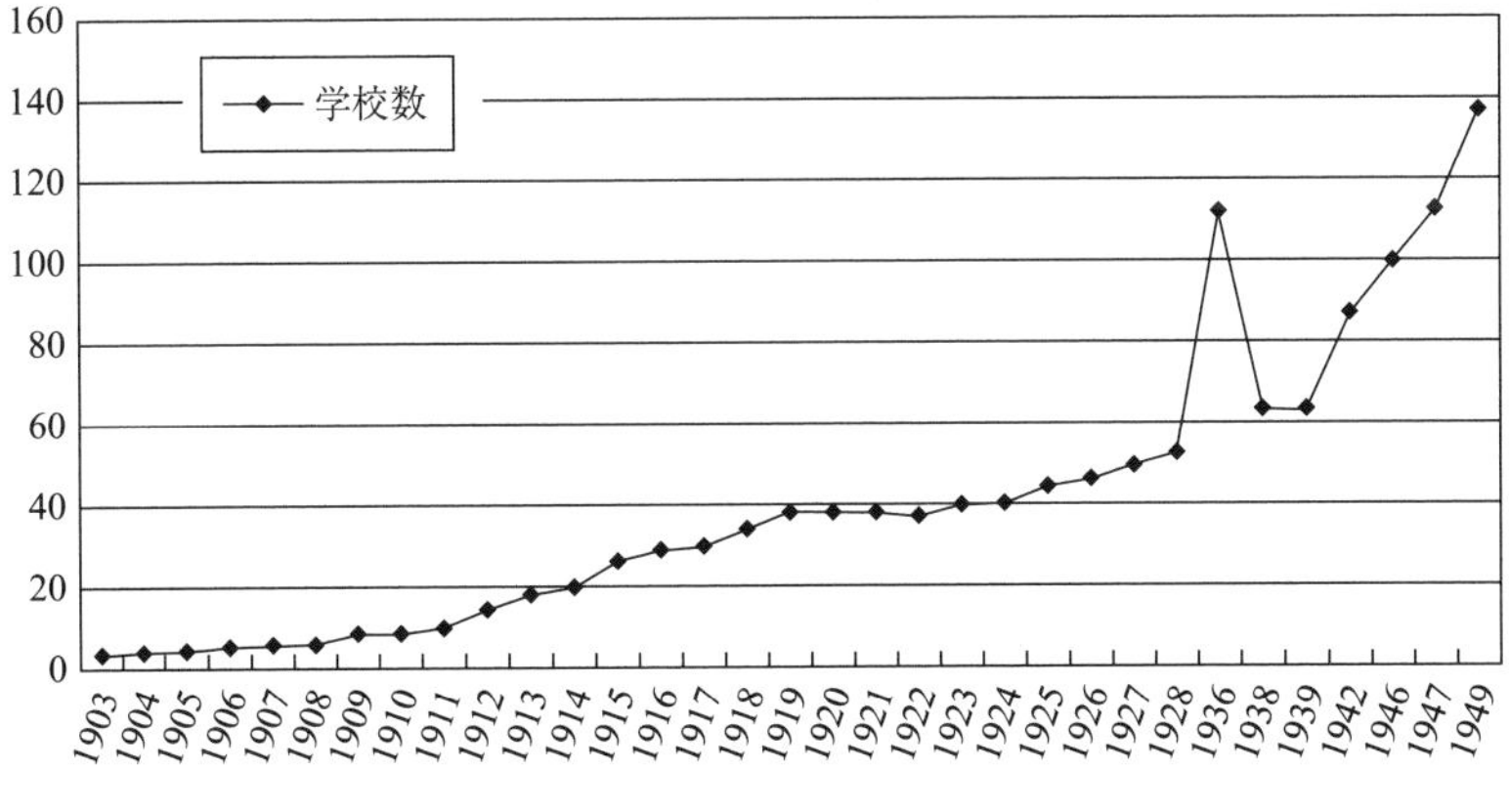

2　生徒数

一九〇五年に蒙養学堂が設置されて以来、その生徒数はどのくらいの規模となったのでしょうか。ある記事では、教員五三名学生一〇五〇名がいたがドイツ公署が管理することとなったとあります（『青島発達史』）。一番大きな蒙養学堂は台東鎮で、教員は六名、生徒は一四〇名でした。次は大鮑魚（青島）で、教員は五名、生徒は一二〇名でした。この二校が青島区で中心的な蒙養学堂であったと考えられます。次に青島蒙養学堂について見ていきましょう。

『大正十年九月末調査　青島公学堂一覧』によると、青島商務総会と膠州領総督府が協力して青島蒙養学堂が設立されました。青島（現在の青島駅周辺）はドイツ統治下に諸官庁、各国領事館、銀行、警察署、学校、迎賓館が建てられるなど膠州湾租借地における政治的中心地でした。

「青島商務総会」とは一九〇二年に設立された青島中華商務公局の後身で、膠州湾租借地を基盤とする中国人商人の集まりでした。商務公局時代はドイツ官憲の監督下にありましたが、商務総会時代に入ると山東省全体で一三〇カ所に設立された商務分会の一つとして中国の中央政府の管理下にありました。この商務総会が設立した青島蒙養学堂は、膠州湾租借地を基盤とする商人層の期待と支持を受けた近代学校として設立された、と言えるのではないでしょうか。住民の意思と無関係に学校が設置されたのではなく、ドイツ膠州領総督府という植民地権力と住民との応答の中で学校が位置づけられていった側面もあったと思われます。

3　高等教育の整備

これまで蒙養学堂という初等学校について見てきました。しかし実はドイツ側の膠州領総督府が最も重視していたのは、「徳華高等学堂」という学校でした。では、この学校はどんな目的で設立されたのでしょうか。

徳華高等学堂は一九〇八年に設立されます。学科は予科と高等科の二つに分けられます。予科は高等小学卒業者が入学し、修業年限六年で普通学を授けます。高等科は予科卒業者が入学し、法政科・医科・理工科・農林科の四つの専攻に分けられます。修業年限は法政科で三年、医科は四年と実習一年、理工科は三年または四年、農林科は三年でした。

徳華高等学堂の開校に際して、ドイツ側は六〇万マルク、中国側は四万マルクを支出することになり、さらに毎年の経常費はドイツ側が二〇万マルク、中国側が四万マルクとなります（『膠澳志』）。しかし、当初多額の経費支出はドイツ議会で理解されませんでした。そのため創立経費を五万マルクまで減らされます。ところがドイツ側が中国側を説得してドイツと中国との共同経営方式を採用し、さらに卒業生は当時の北京大学出身者と同じく国家官僚になれるという特典を与えることとなり、ドイツ議会でも注意を惹くこととなります。この結果、一九〇九年に創立費六〇万マルク、経常費一六万マルクの支出にドイツ議会の協賛が与えられます。そしてこの年の一〇月に生徒を募集し、試験を経て七九人が入学し、一〇月二五日に開校して新築校舎の地鎮式を行い、一一月一日から授業を開始しました（『青島軍政史』）。

このように多額の費用をかけていたことから、徳華高等学堂はドイツ統治下膠州湾租借地の文教政策における一つの象徴であったと言えるでしょう。

この学堂は中国人児童を教育する目的で設立され、将来的には実業界に就職しようとする人や、さらに高度な学問を修めようとする人のために、学問を教授しました（『青島軍政ノ概況』）。そのため、中国大陸でヨーロッパ諸国が数多く設立したミッションスクール（教会系の学校）と違い、キリスト教教育といった宗教教育はなされていません。ドイツ政府はこの学堂を設立する時に、当時の清国政府に対してこの学堂の目的は中国人青年をドイツ人化させることではなく、逆にドイツの事情に詳しくなると同時に中国の文明や学問を尊重する気風を育てることにある、と説明しました。「奏定学堂章程」という近代的な学制を制定し、急速に近代国家化を目指していた清国政府にとって、こうした主旨はかなり説得力を持っていたと考えられます。

こうして中国人養成のための高等教育機関として「徳華高等学堂」が設立されますが、ではこの学堂に入学した学生はどのような人々だったのでしょうか。一九一一年二月現在で一〇二名が在籍し、そのうち山東が三七名、浙江が一三名、直隷が一〇名でした。地元の山東だけでなく、近隣各省から学生が集まったことから、山東を中心とした学校のトップに位置付いていたと言えます。

しかし、第一次世界大戦の勃発によって同校は停止に追い込まれます。日本が膠州湾租借地を占領すると、同校の在学生は上海の同済医工学校に編入されて廃校となってしまいます。結局日本統治時代には、同校を引き継いだ学校はありませんでした。ただ、後に見るように、校舎は別の形で利用されることになります。

4　まとめ

ドイツ時代の青島では、当初高等教育に力が入れられ、小学校教育はさほど熱心に展開していませんでした。しかしアフリカでの植民地獲得競争から脱落したドイツは中国市場に目を向け始めたため、蒙養学堂という小学校教育にも力を入れ始めます。こうして、青島の学校教育が整備されていきます。第一次世界大戦が勃発し、日本が青島を占領すると（第一次日本統治時代）、日本はこうした学校教育を踏襲して中国人教育を行います。ただし本書では第一次日本統治時代における中国人教育については省略します。次節では、日中戦争勃発後に日本が再び青島を占領した第二次日本統治時代の中国人教育について見ていくこととしましょう。

(2)　第二次日本統治時代の中国人学校

1　青島の中国人学校で使われた日本語教科書

本節では、日中戦争勃発後の青島における中国人教育について見ていくこととします。一九三七年七月に北京郊外で日中両軍が軍事衝突したことに端を発する日中戦争が始まると、日本軍は中国各地を占領し始めます。青島では同年末に日本軍が占領し、第二次日本統治時代が始まります。翌一九三八年一月に趙琪という中国人をトップとする青島治安維持会が設立されます。「維持会」とありますが、日本軍の指導の下で行政を行う機関でした。この青島治安維持会の管理下の学校で、日本語教育が始まります。

まず市立小学校から見ていきましょう。市立小学校は都市部と農村部の二つの流れに分けられます。都市部では、第一次日本統治期に「模範ノ学堂」として設置された北京路、台西鎮、台東鎮と、一九二二年の山東還附後に設立された江蘇路、黄台路がありました。「青島市全市中小学校職教員学生人数表」によると、これらの学校以外では閉鎖するか生徒数が減少していましたが、これらの学校では生徒数を増やしています。

これらの学校で使用した教科書は、『正則日語読本』と『初等日語読本』です。『正則日語読本』は南満洲教育会教科書編輯部が作成した『初等日本語読本』を改定した教科書です［駒込 一九九六］。この教科書は新民印書館という出版社が発行しました。新民印書館は一九三八年八月に下中弥三郎を中心に設立された印刷出版会社です［黄漢青 二〇〇九］。この印刷会社の最も重要な業務は、中華民国臨時政府教育部編審会が編纂した小中学校用「国定」教科書の印刷販売でした。青島の小学校に配給された教科書のうち、新民印書館発行のものが大半を占めています。

なお『正則日語読本』の原型を作った南満洲教育会教科書編輯部は、関東州と南満洲鉄道の学校で用いる教材を作成した組織です。日露戦争後一九〇五年にポーツマス条約を締結して日本は遼東半島南端の関東州を租借し、南満洲鉄道の経営権をロシアから引き継ぎます。そこでは「公学堂」という中国人小学校が設立され、日本語教育が行われます。南満洲教育会教科書編輯部は一九二二年に設立され、満洲国成立以前から公学堂で用いられる日本語教材を始め、様々な教科書を編纂します。こうして一〇年以上に亘る日本語教材を開発した経験が、青島でも転用されたのです。

次に、私立学校について見ていきましょう。使用した教科書は『自修日語読本』『青島興亜学院日語読本』がそれぞれ一校、「講義」という形で教科書を用いない学校が二校でした。『自修日語読本』は東文学院という学校のオリジナル教科書のようです。各校ともオリジナルの教科書や教科書を用いない形式の日本語授業を行っていました。

さて、これまで公私立の小学校について見てきましたが、中学校といった中等学校では在満日本教育會の『速成日語読本』が配給されました。そのため中等学校では「満洲」からの教材が直接導入されていた訳です。日本語教科書から青島の教育状況を見ますと、公立小学校と中等学校は「満洲」での日本語教育の経験が直接活かされますが、私立小学校では独自教材を用いていたため、「満洲」からの影響があったのかどうか、分かりません。

2　日本語教員

つづいて、日本語教員についてみていきましょう。まずは、日本人教員から見ていきます。[表2] によると、日本人教員一一二名中七名が「青島治安維持會教育指導官」という肩書きを持っています。彼らの出身校を見てみますと、東大が二名、高等師範学校が二名、私立大学が四名、師範学校が四名、実業学校が一名でした。学歴が高かったことに気付きます。また市立中学校には高学歴教員が配属されています。そのため同校が青島治安維持会にとって重点校であったと言えるでしょう。

では、「青島治安維持會教育指導官」の役割は一体何であったのでしょうか。外務省記録『各国に於ける教育制度及状況関係雑件／中国の部』に収められた一九三八年一一月一一日付在青島総領事大鷹正次郎発外務大臣有田八郎宛「青島に於ける支那側教育概況報告の件」には、以下のようにあります。

　青島治安維持会に於て日支親善の実現は先ず従来の教育方針を根本的に変革し排日抗日教育を打破するにありとし最近同会教育科に日本人顧問二名を招聘し別に日支人側より各三名の学務委員を委嘱し具体案を立案せしむることとなりたるが差当り市内中学校女学校並びに近日中に開校の師範学校及小学校五校に日本人の教育指導員十一名を配置する為目下其の人選中なり

「従来の教育方針を根本的に変革し排日抗日教育を打破する」ことで中華民国南京国民政府時代の教員を再教育するのが「青島治安維持會教育指導官」の任務だと考えられます。「市内中学校女学校並びに近日中に開校の師範学校及小学校五校」とは、

資格
青島治安維持會教育指導官
青島治安維持會教育指導官
青島治安維持會教育指導官
青島治安維持會教育指導官
青島治安維持會教育指導官
青島治安維持會教育指導官
大康沙廠小学教員
四方韓哥荘等小学教員
済南第五実験小学教員
広東同郷會小学教員
龍口鯱前小学教員
安東特郷日語学校教員
平度県立西王府荘小学教員
昌邑安寨埠小学教員
青島治安維持會教育指導官
大水清溝小学教員
韓哥荘小学教員
石老人小学教員
黄島小学教員
青島治安維持會教育指導官
北京養正中学教員
兼任日語学校講師
兼任日語学校講師
青島学院日語講師日本中学日語教師
日本鹿児島郡吉田尋常高等小学校教員
四方大康沙廠小学教員
大青島報社通訳員
北京新民会首都指導部通訳
陸軍少尉
無日語教員

表2　1938年現在の青島治安維持会日本語教員

学校名称	姓名	年齢	性別	籍貫	畢業学校
市立中学	豊田壽雄	47	男	日本静岡	東京帝国大学畢業
	古川原	30	男	日本東京	東京帝国大学畢業
	前原鶴三郎	35	男	日本群馬	早稲田大学高等師範部卒業
	志賀敏夫	27	男	日本東京	日本大学法文学卒業
市立女中	山本英	44	女	日本山口	東京女子高等師範学校畢業
	木村兵三	46	男	日本秋田	広島高等師範学校畢業
	徳廣彬	33	男	山東昌邑	東文書院畢業
江蘇路	陳振黨	22	男	青島	市立中学特別師範科畢業
	杜鴻恩	26	男	山東濰県	
北京路	崔毓卿	20	女	山東芝罘	煙台崇徳女中畢業
	張鐘中	20	男	山東楽陵	市立中学特別師範科畢業
	堂慶善	22	男	山東蓬莱	市立中学特別師範科畢業
	未紹文	30	男	山東掖県	市立中学特別師範科畢業
台西鎮	于馨孝	22	男	安東	安東省立林科高中畢業
	龍馨徳	25	男	山東平度	市立中学特別師範科畢業
	徐金三	22	男	山東昌邑	市立中学特別師範科畢業
台東鎮	金山克蔵	42	男	日本島根	島根師範学校畢業
	劉可峻	29	男	青島	青島学院商業学校畢業
	高織允	22	男	山東即墨	市立中学特別師範科畢業
	邱奎香	27	男	山東濰県	市立中学特別師範科畢業
黄台路	王修義	29	男	青島	市立中学特別師範科畢業
	王雲？	29	男	山東濰県	李村師範速成科畢業
	野島正	32	男	日本鹿児島	鹿児島県立師範学校畢業
	郭憲敏	22	男	山東愛津	市立中学特別師範科畢業
聖功女中	楽純乗？	32	男	日本福岡	日本帝国大学畢業
	于瀛魏	20	女	大連市	大連千楽書院畢業
文徳女中	藤井確也	26	男	日本岡山	明治大学芸術科肄業
崇徳中学	藤井確也	26	男	日本岡山	明治大学芸術科肄業
東文学院	李仲剛	49	男	北京	東京日本大学法科修業
	西間庭義則	29	男	日本鹿児島	日本法政大学高等師範部国語漢文科卒業
	袁珠玉	29	男	山東即墨	東文書院日語研究科畢業
	尚子正	27	男	山東平度	東文書院日語研究科畢業
	于悦先	23	男	山東即墨	青島学院卒業
	麹中正？	25	男	日本兵庫	青島日本中学校畢業
	上原ヨシヱ	36	女	日本京都	日本東京府女子師範卒業
	高橋伊織	30	男	日本群馬	群馬県実業学校畢業
聖功小学	于瀛魏	20	女	大連市	大連千楽書院畢業
三江小学					
尚徳小学	項済縹	20	男	浙江杭州	実業学校日語専修科畢業
培基小学	金貴珍	21	女	浙江紹興	済南東魯工商学院修業
崇徳附小	金貴珍	21	女	浙江紹興	済南東魯工商学院修業

出典：青島特別市各級学校日語教授状形一覧表
(青島市档案館所蔵、請求番号 B0023.001.00451.0113)。なお判読不明の字は「？」としている。

市立中学、市立女中の二校と、江蘇路・北京路・台西鎮・台東鎮・黄台路の五校だと考えられます。市立中学校に重点的に配置されたのは、思想監視の意味合いもあったと思われます。人選を行ったのは、この電信の発信者である在青島総領事の大鷹正次郎です。このことから、「青島治安維持會教育指導官」は外務省のイニシアティブで選出されたと考えられます。

それでは、在青島総領事が人選を行うことにどのような意味があるのでしょうか。この点について考えてみましょう。興亜院の設置（一九三八年一二月）によって従来中国大陸への文化事業を扱っていた外務省は「支那現地に於ける支那人教育機関」から排除され、文部省も「支那側教育機関に対する日本人教員の推薦」から排除されます。在青島総領事が外務大臣に宛てた書簡の日付が一九三八年一一月一一日でしたから、「教育指導官」の選出は興亜院に教員派遣の人事権を奪われる直前に行われたと考えられます。外務省と興亜院との間に、教員人事権をめぐる駆け引きがあったと予想されます。

一方で、私立学校に目を向けてみましょう。東文学院は日本人教員を三人も雇用しており、際立ちます。同校の正確な設立年月日は不明ですが、日中戦争勃発後に李仲剛という人物が設立しました。李仲剛は北京出身で、日本大学を卒業後、さらに満洲法政学院を卒業し、満洲大連や青島中学校で語学講師を務め、また新民会青島市指導委員と市政委員を歴任しました。同校は一九三八年一一月現在で昼間部一四五名、夜間部一一四名（日語科）、研究科一一名（うち日本人学生九名）、教員は教師四名、講師九名でした。東文学院は歴史は浅いながらも、校長は日本との関わりがあったため私立学校でありながらも日本人教員を多く確保できたのだと思われます。

次に、中国人教員について見ていきましょう。［表２］の中国人教員データを円グラフにまとめたのが［図３］と［図４］です。日本語を担当した中国人教員の出身校で最も多かったのが「市立中学特別師範科」です。この学校が日本語授業を担当した中国人教員養成の中心校であったと考えられますが、具体的な制度や教育内容についてはよく分かっていません。他に東文学院三名、青島学院二名でした。

続いて出身地について見てみますと、地元の青島出身者は三名、山東省出身者は一五名でした。大連や安東といった満洲からの教員、北京や浙江出身者もいます。

このように日中戦争勃発後の青島における日本語を担当した中国人教員は市立中学校特別師範科卒業生が中心で、ほぼ全員が山東省出身者でした。しかし人選過程や彼らが日本語教員になった動機などについては今のところ分かっていません。


［表２］の翌年である一九三九年にまとめられた青島特別市教育局督学室の職員一覧が［表３］です。主任一、次席一、教育指導員は一四名で、うち「教育指導官」経験者は一一名でした。つまり、「青島治安維持會教育指導官」から「青島特別市教育局督学室教育指導員」へと転属した者が大半を占めています。とはいえ、その権限の違いなど詳細は分かりません。彼らは学校への配属ではなく、「督学室」所属となっています。先の［表２］と重なる人物は豊田壽雄・古川原・前原鶴三郎・志賀敏夫・野島正・山本英・木村兵三・金山克成です。主任の宇野が青島一小校長、金山が青島一小、溝口が四方小、山本と木村が青島日本高女、岡田が青島日本高女及び青島日本

図３　中国人教員の出身

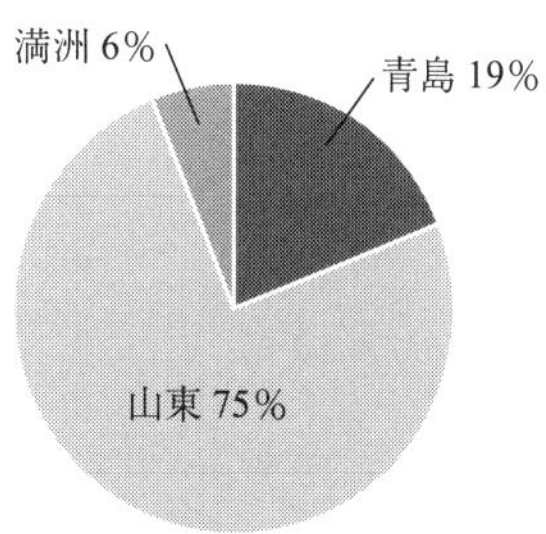

図４　中国人教員の出身校

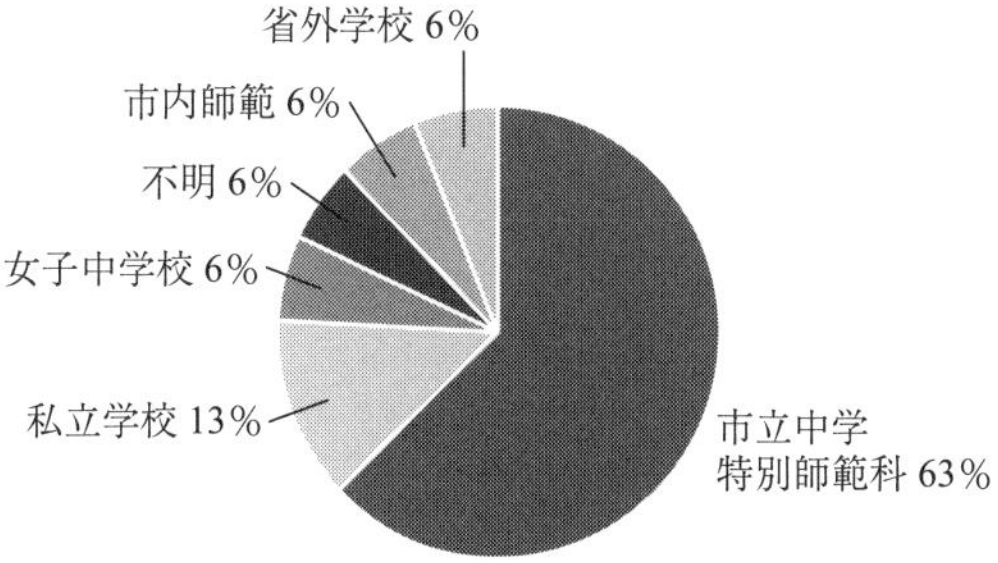

中嘱託と、「青島治安維持會教育指導官」には現地の日本人学校の教員が携わっていました。

一方で、青島とはそれまで関わりがなかったにもかかわらず、一九三八年に市立中学に教育指導官として赴任することになった古川原の経歴を見てみましょう。古川は東京帝国大学文学部教育学科に一九二八年に入学し、三一年に卒業しています。各帝国大学の卒業生を収めた『会員氏名録』によると、卒業から一九四一年まで職業欄は空欄でしたが、一九四三年には「青島特別市公署」に在職しています。この間古川は幹部候補生として軍隊生活を送り、指導教官の一人である吉田熊次の計らいで小学校本科正教員免許状を取得し、東京私立今戸高等小学校、立教女学校附属小学校、東京私立富士小学校で代用教員を務めます。富士小で日中戦争勃発後北京の中国人小学生から送られて来た図画作品に触れる機会があり、その作品に生気が無いことにショックを受け、中国行きを決めたといいます。そして「日本軍占領下の中国、青島特別市で中国人中学校の日本語教師」となり、青島特別市治安維持会教育指導官として青島市立中学校に配属されます。敗戦をベトナムで迎え、戦後古川は記者、教科書会社勤務を経て、青山学院大学、専修大学、東京都立大学人文学部で教育学を担当し、長崎造船大学（現長崎総合科学大）を歴任し、戦後教育学の泰斗の一人となります（長崎総合科学大学長崎平和文化研

学歴	経歴
長崎師範畢業	青島治安維持會顧問
北京高等師範畢業	青島市政府教育評員体育指導員治安維持會体育督学
山東高等師範畢業	済南教育局視学室股長
外国学校撰科畢業	青島日本高等女子華語教校
東京帝国大学畢業	青島治安維持會教育指導官
広島高等師範畢業	青島治安維持會教育指導官
東京帝国大学畢業	青島治安維持會教育指導官
東京女子高等師範学校畢業	青島治安維持會教育指導官
島根師範学校畢業	青島治安維持會教育指導官
長崎師範畢業	青島治安維持會教育指導官
大分師範学校卒業	日本大分県別府市体育協会遊泳部長
熊本県立天草中学畢業	青島治安維持會教育指導官
早稲田大学高等師範部卒業	青島治安維持會教育指導官
日本大学法文学部卒業	青島治安維持會教育指導官
鹿児島県立師範畢業	青島治安維持會教育指導官
三重県師範学校畢業	青島治安維持會教育指導官
鳥取県師範畢業	鳥取県岩美郡倉田尋常小学校訓導

究所『平和文化研究』第一五集、一九九二年）。青島では多くの中国の諸民族や欧米人と交流し、それが戦後の研究にもつながっていったのかもしれません。

3 まとめ

本章では第二次日本統治時代の青島における中国人教育を見てきましたが、日本語教育が特に重視されました。こうした日本語教育で使われた教材の流れを見ると、公立学校は日本統治下の関東州と南満洲鉄道の中国人学校である公学堂で行われた日本語教育の影響があることが分かります。青島と日本との関係だけでなく、すでに日本が統治していた他のアジア地域との関係で青島の日本語教育の流れを見ていく必要があります。

こうした日本語教育の中心的存在となったのが、「青島治安維持會教育指導官」でした。彼らの選抜と派遣を担ったのが、外務省でした。ちょうど興亜院という新しい官公庁が設立される時にこうした教員人事が行われました。日本占領下の中国大陸では、日本の関係省庁の利権が複雑に入り組んでおり、教員人事をめぐってもそうした利権対立があったのかもしれません。

表3　1939年11月現在の青島特別市教育局及附属機関職員一覧表

機関名称	職務	姓名	性別	年齢	籍貫	薪数
督学室	主任	宇野裕四郎		53	日本長崎	240元
	次席	張船先	男	44	山東蓬莱	220元
	教育指導員	李少勲	男	44	山東歴城	140元
	嘱託	岡田瓢	男	66	日本	100元
	教育指導員	豊田壽雄	男	47	日本	260元
	教育指導員	木村兵三	男	46	日本	220元
	教育指導員	古川原	男	30	日本	200元
	教育指導員	山本英	女	44	日本	170元
	教育指導員	金山克成	男	42	日本	160元
	教育指導員	溝口千守	男	47	日本	160元
	教育指導員	西村孝子	男	47	日本	160元
	教育指導員	松岡義昌	男	27	日本	130元
	教育指導員	前原鶴五郎	男	35	日本	130元
	教育指導員	志賀敏夫	男	27	日本	130元
	教育指導員	野島正	男	32	日本	130元
	教育指導員	森川鶴義	男	30	日本	130元
	教育指導員	野際信雄	男	32	日本	130元

三　戦前青島の日本人学校

本章では、第一次世界大戦中に日本が青島を占領した後に設立された日本人学校を学校毎に見ていきます。第一次世界大戦を経て、青島の日本人人口はどう変わったのでしょうか。そこで一九一三年から二六年にかけての人口増減を［表4］にまとめました。ドイツ統治時代の一九一三年の日本人人口は三一六人で、一九一五年で三七四三人となっています。この表を見ると、占領と同時に日本人人口が急増し、さらに民政期の一九二〇年から二二年にかけて二万四〇〇〇人に増加しています。しかし、「山東還附」後の一九二三年には約九〇〇〇人減少しています。その後一九二六年までほぼ一定となっています。以上のように、日本の占領に伴う日本人人口が急に増え、家族を伴っていたために小学校の必要性が求められた訳です。

こうして第一次世界大戦によって日本と青島との関係が強まり、日本人のための学校が展開していくこととなります。では、青島にはいったいどのような日本人学校が設立されたのでしょうか。［表5］にまとめました。この表では開校日と指定日にズレがあります。この「指定日」とは、外務省・文部省による在外指定を受けた日です。この指定を受けることで教員は勤続年数を中断することなく「外地」の学校に勤務でき、卒業生も日本の学校と同じ卒業資格を得ることができるようになります。

表4　青島の人口変遷表

年	日本人	外国人	支那人	計
1913	316	2,069	187,000	189,385
1914				
1915	3,743	590	185,078	189,411
1916	11,612	483	163,975	176,070
1917	18,561	525	183,292	202,468
1918	18,652	510	180,363	199,435
1919	19,998	362	192,201	212,561
1920	24,536	399	207,824	232,759
1921	24,262	469	215,669	240,400
1922	24,132	387	217,355	241,874
1923	15,266	404	221,246	236,916
1924	13,504	575	236,175	250,254
1925	13,439	657	263,492	277,588
1926	13,468	630	269,944	284,042

(1) 戦前青島の日本人小学校

1 青島日本第一尋常高等小学校

青島に最初に設立された日本人学校の一つ、青島日本第一高等尋常小学校（一小）を紹介します。前に見たように占領前の青島には日本人は三〇〇人程度しかおらず、西本願寺の住職が小さな小学校を開校していた程度でした。第一次世界大戦中の一九一四年に日本は青島を占領します。翌年日本人小学校は李村と青島に設立されます。青島ではドイツ総督府学校を改築して、小学校にしました。占領前の三〇〇人から、占領二年目の一九一六年には日本人人口は一万人を超えます。このように日本人人口の急増に伴い、一九一八年武定路に新校舎を建設します。それが一小となり、それまでの小学校が二小になります。校舎は二小の方が古いわけです。

［図5］のように、一小校舎は重厚な作りです。では、なぜ日本はこのような立派な建物を建てたのでしょうか。一九一九年に出された朝鮮総督府『支那教育状況一斑』にはこのようにあります。「壮大にして外人に威容を示すに足る教舎を新築せんとせり第一青島尋常高等小学校は既に完成して移転を終へ山東の東端に東洋第一とも称すべき宏壮なる校舎を備ふるに至れり」。このように、「外人」に威容を示すために、「東洋第一とも称すべき宏壮」な校舎を新築した、とあります。この「外人」とは、中国人ではなく欧米人であったと考えられます。というのも、第一次世界大戦に参戦して戦勝国となり、国際的地位を上げた日本は、ヨーロッパ諸国との関係を重視したからです。ドイツが建設した青島を日本が引き継いだ以上、ヨーロッパ諸国が注視してい

図5　青島第一日本尋常高等小学校
出典：青島第一日本国民学校『昭和十八年三月　修了記念　初等科［第二十八回］』、個人蔵

る中でみすぼらしい占領地経営を行うわけにはいかなかったのだと考えられます。そのため立派な建物を建設することになったのだと思われます。では、小学校校舎は今どうなったでしょうか。二〇一一年に徳愛ガーデンホテルに改装されました［図6］。一泊五五〇元と中国のホテルとしては高い方ですが、客室は教室を改造したものですし、泊まってみてはいかがでしょうか。

2　青島第二日本尋常小学校

本項では、青島第二日本尋常小学校（二小）校舎の今と昔を紹介します。第一次世界大戦中の一九一四年に日本は青島を占領します。翌一九一五年三月に青島守備軍小学校仮規則を発布し、同年四月に青島小学校と李村小学校が設立されます。青島ではドイツ総督府学校を改築して、小学校にしました。しかし占領後、日本人人口の急増に伴い、一九一八年に武定路に新校舎を建設します。それが一小となり、それまでの小学校が二小になったのは前項で記したとおりです。設立当初は「第二青島尋常小学校」という名称で、尋常科しか設置されていない小学校でした。一九二二年に「山東懸案解決に関する条約」によって膠州湾租借地が中国に返還されることとなり、占領軍であった青島守備軍が撤退します。それまで軍立学校でした

備考
1917 年 4 月に第一青島尋常高等小学校に改称
1923 年 3 月、青島守備軍撤退により民政が撤廃となった結果廃校 1923 年 3 月、青島居留民団立小学校として継承、同日在外指定学校に指定される
1923 年 3 月、設立者を青島居留民団に変更
1923 年 3 月、設立者を青島居留民団に変更
前身の青島英学院は 1916 年 4 月 8 日設立

が、軍の撤退に伴い外務省管轄の居留民団立「青島第二日本尋常小学校」と改称されます。居留民団または日本人会の設置になると、校名に「日本」が入るようになります。

［図7］は一九四〇年光陽社発行の写真集『青島』より引用しました。どうやら運動場から校舎の方角で撮影したもののようです。現在、同校舎は軍事施設となっているため、見学はもとより撮影すら禁止されています。そのためこの運動場がどうなっているのか、確認することができません。この校舎跡の近くでカメラを構えているだけで門番に厳重注意されますので、撮影しないようにして下さい。

では、二小のあった地域は当時一体どのような地域だったのでしょうか。ドイツ時代の青島の都市形成を研究した瀬戸武彦によると、青島は大きく三つの地区に分けられたといいます。第一に「青島湾に面した区域で、諸官衙《かんが》、銀行、商会、ホテルなどの純然たるドイツ風建築物が威風を払う町並みで、街路名も全てドイツ名」であった青

表5　青島の日本人学校および各校開校日、在外指定日一覧

学校名	設立者	開校年月日	指定日
青島小学校	青島守備軍司令官	1915年3月30日	1916年7月15日
李村尋常小学校	青島守備軍司令官	1915年3月30日	1916年7月15日
第二青島尋常小学校	青島守備軍司令官	1917年3月26日	1917年5月10日
青島第一日本尋常高等小学校	青島居留民団	1923年3月31日(土)	1923年3月31日(土)
青島第二日本尋常小学校	青島居留民団	1923年3月31日(土)	1923年3月31日(土)
四方日本尋常高等小学校	青島居留民団	1918年10月9日	1923年9月30日
滄口日本尋常高等小学校	青島居留民団	1923年4月4日	1923年9月30日
青島第三日本尋常高等小学校	青島居留民団	1941年4月1日(火)	1941年4月1日(火)
青島中央日本国民学校	青島居留民団		1942年3月31日(火)
青島中学校	青島守備軍司令官	1917年4月4日	1917年7月5日
青島高等女学校	青島守備軍司令官	1916年4月15日	1917年1月10日
青島学院紘宇高等女学校	財団法人青島学園	1938年9月8日(木)	1942年2月2日(月)
青島学院商業学校	財団法人青島学院	1921年4月8日(金)	1928年3月13日(火)
青島学院実業学校	財団法人青島学院	1916年4月8日(土)	1932年3月18日(金)
青島日本工業学校	青島居留民団		1943年9月1日(水)
青島日本青年学校	青島居留民団	1935年10月1日(火)	1940年2月29日(木)

出典：渡部宗助『在外指定学校に関する歴史的研究』（昭和56年度文部省科学研究費一般研究(C)）、財団法人青島学院『昭和十七年九月青島学院商業学校青島学院実業学校青島学院紘宇高等女学校要覧』及び『青島学院情況一班（大正十年五月調）』、『大正十四年十月青島日本中学校要覧』、『青島日本高等女学校一覧　大正十四年十月』、「公共施設又ハ公共企業等ニ関スル維持経営ノ希望事項（追録）」『山東占領地処分一件　別冊　細目協定関係（公有財産問題参考資料二）』所収、JACAR:ref.B07090772200）、外務省亜細亜局第二課『昭和三年九月一日調　外務省関係　在外日本人学校一覧表』、外務省記録『在支日本人各学校関係雑件（北支ノ部）青島中学校』I.1.5.0.2-4-35

島地区。第二に「大港・小港に面した中国人の商店が軒を並べる区域で、街路名も全て中国名」であった大鮑島地区。第三に「青島の中心からは少し離れた、モルトケ兵営に近い一画」で、「碁盤目状のほぼ正四角形の区域」であった台東鎮地区です〔瀬戸二〇〇〇〕。この区分に従いますと、二小は青島地区にあり、一小及びのちに見る青島学院、青島高等女学校は大鮑島地区にあったと言えます。大鮑島地区は日本の占領後、葉桜町（山東還附後は館陶路）を中心に日本人街が形成され、青島高女の近くに青島神社が築かれるなど青島の日本人社会の中心地となります。前項では一小について紹介しましたが、同校が生徒数一〇〇〇人を超える大規模校となったのは、様々な職業の日本人が集まる中心地に設置されたからです。

ある二小卒業生の回想によりますと、二小があった青島地区は大企業の役員の子弟が多く、いわばお坊ちゃんお嬢ちゃん学校だったそうです。また、大企業の子弟ゆえに転校が多く、六年間通して通った児童は多くなかったのではないか、と述べておりました。そのため一小と異なり同窓会が成立しづらく、なかなかまとまらなかったとおっしゃっておりました。ただし、生徒数が少なかったためアットホームな雰囲気だったそうです。

3　青島日本第三国民学校

第一次世界大戦中の一九一四年に日本は青島を占領しますが、一九二二年に日本は青島を中華民国に返還し、「山東還附」が完了します。その後一九三七年、盧溝橋《ろこうきょう》事件に端を発する日中戦争が起こると、日本は再度青島を占領します。中華民国臨時政

図6　青島一小の今　二〇一五年九月
筆者撮影

府という現地政権の管轄下に置く体裁を取りながらも、実質日本が行政権を握ります。日中戦争開戦当初は政府から引き揚げ命令が出されたため、青島の日本人人口は激減します。しかし翌年解除されると、開戦前よりも日本人人口が増え、最高で四万人に達したと言われます。そのため就学児童数も増加し、小学校の新設が求められることになります。こうした中一九四一年四月に青島日本第三国民学校が設立されます。同校の設立年は鳳雛会『青島日本中学校校史』（西田書店、一九八九年）では一九四一年とありますが、青島日本商工会議所『青島の現勢　昭和十八年版』では一九四二年四月に第三国民学校が増設されたとあります。資料によって開校年がまちまちになっていますが、外務省外交史料館の資料に一九四一年四月一日付近衛外務大臣宛高岡総領事発電信で「青島第三日本国民学校は四月一日開校せり同日附在外指定学校に指定方御取計相成度し」（外務省記録『在外日本人各学校関係雑件／在北支ノ部／青島第三日本国民学校』）という記載があることから、一九四一年四月に設立されたことが分かります。なお、一九四一年三月に公布された「国民学校令」により、全ての尋常高等小学校が「国民学校」に改称されていたため、新設された三小は「小学校」ではなく、「国民学校」でした。

［図8］は三小の校舎の様子です。現在同地には青島大学医学院が入っており、校舎のほとんどは建て替えられています。ただ写真中央の講堂のみ現在も体育館として残っていると聞きます。

同校は［図8］の地図のように青島ビール工場の横ということもあり、それまで一小に通っていたビール工場関係者の子弟は三小に転校したと言われています。一小は

図7　青島二小の校庭　出典：遠藤一二『青島』（光陽社、一九四〇年）。

日本人街の中心にあり、保護者の職業も多様でしたが、三小は次項で紹介する四方小や滄口小と同じく、ある特定の企業関係者の子弟が多い学校であったと言えます。そのため、親同士の交流も盛んで、それが子ども達にも様々な影響を与えたのではないでしょうか。

4　四方日本尋常小学校

青島市内から鉄道沿いに北上し、バスターミナルとジャンクションの横を通って南北を走る杭州路に向かいます。「四方」というバス停で降り、ホテルの裏に入ると、黄色い校舎が見えます。現在は平安路二小の校舎となっていますが、この建物はかつて四方小学校という日本の小学校でした。四方小学校は、一九一八年一〇月に、第一青島尋常高等小学校四方分教場として設立されます。一九二三年三月に青島守備軍から青島居留民団に移管される際に分教場として引き継がれますが、工場の発展に伴って人口が増加傾向にあったため同年一〇月に分教場を廃止して四方日本尋常高等小学校として創設され、同日在外指定学校の指定を受けます。ここでの工場とは、紡績工場のことです。四方には内外綿株式会社の紡績工場が設置され、日本占領下の一九一七年一二月に第一工場が、一九二二年七月に第三工場が操業を開始します（『内外綿株式会社五十年史』、一九三七年）。これが青島における在華紡のはじまりです。また一九二〇年四月に大日本紡績株式会社の工場も置かれ、さらに一九二三年四月には日清紡績株

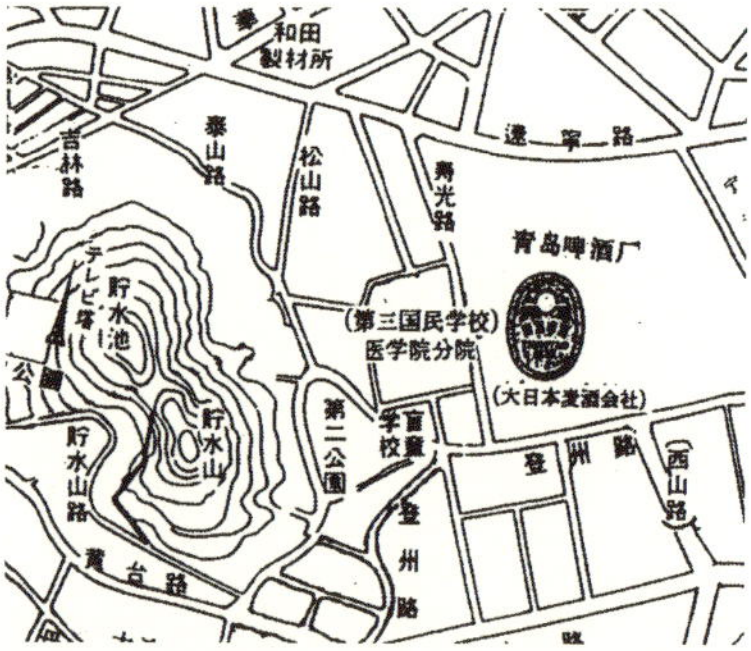

図8青島第三日本国民学校校舎（上は同地図）　出典：青島日本中学校鳳雛会『中国山東省青島の今と昔』（一九九三年）

式会社の工場も置かれます（『昭和二年八月山東に於ける邦人の企業』）。そのため工場労働者の子弟が増加し、分教場ではなく独立した小学校となります。これは滄口小学校とも重なりますが、四方小学校の発展は在華紡の発展と密接につながっていました。しかし一九四五年の日本の敗戦に伴い、四方小の約三〇年の歴史は閉ざされることとなります。市内の各学校は一〇月頃に閉鎖されていることから、おそらく四方小も八月ではなく、しばらく経ってから閉鎖したものと思われます。

なお、旧四方小のすぐ北にある海雲庵では、毎年二月の春節明けに「糖球節」が開かれ、大変賑わいます。「糖球」とは、［図9］のように山査子《サンザシ》という果物に飴がけをした中国北方の伝統的なお菓子で、地域によっては糖葫蘆《タンフール》という名前で売られています。半世紀以上が過ぎた今でも、ほとんど変わらない売り方で糖球が売られています。戦前青島に住んだことのある日本人なら誰もが食べたかったはずのものです。しかし多くの方は母親に止められ、結局食べることができなかったそうです。

5　滄口尋常高等小学校

繰り返しになりますが、第一次世界大戦中の一九一四年に日本は青島を占領します。滄口小の前身である李村小学校が創立されたのがその翌年の一九一五年のことです。占領軍である青島守備軍が建てました。ではなぜ、滄口に移転したのでしょうか。それは、李村近郊の膠州湾岸の滄口に大規模な在華紡工場が建てられると、在留日本人はこの地域を中心に活動することとなるからです。外交史料館の記録では、「紡績地帯たる四方、滄口は元我守備軍当局が工業の発展策として軍司令部買上地を工場地

図9　サンザシの「糖球」　左写真は遠藤一二『青島』（光陽社、一九四〇年）。右写真は二〇一一年一一月筆者撮影。

帯に指定貸下げたもので、各社使用土地は日支細目協定に依り三十ヶ年の借地権を保有」したとあります。この土地に工場が建てられます。その工場とは、まず一九二一年一〇月に富士瓦斯紡績株式会社の工場が開業し、さらに同年一一月に上海製造絹糸株式会社、翌年三月に長崎紡績株式会社の工場が開業します。

外交史料館所蔵の『東方文化事業部官制関係雑件』には以下のようにあります。「守備軍当時に於いては滄口在留者の児童は李村尋常小学校に通学しつつありしも距離遠隔不便なりしを以て同地に小学校新設の議熟し在留者の寄附金に依り大正十一年十一月校舎の新築に着手せしめ工事の竣工に先ち守備軍撤退せられ大正十二年三月三十一日李村尋常小学校の児童を収容し滄口尋常高等小学校を開校し仮校舎として富士瓦斯《ガス》紡績会社工場内の倉庫を充用授業を開始す同年五月十日右新築竣工せしを以て之を移転す大正十二年十月一日在外指定学校に指定」されたのです。つまり滄口に住むようになった児童からすれば、李村は通学距離があって通学しづらかったため、一九二二年一一月から校舎の建築を始め、翌月日本軍が撤退し、一九二三年三月に李村小学校の児童を継承して滄口尋常高等小学校となり、五月に完成した新校舎に移ります。在華紡工場の開業と小学校の発展がリンクしていたのは、四方も同じでした。在華紡工場の開業自体は日本統治期でしたが、人口増加はそれより遅かったため、小学校の拡充は一九二二年の「山東還附」後を待たなくてはならなかったわけです。

結局李村小学校が現在のどこにあったのかは、私が調べた限りでは分かりませんが、現在の滄口小学校は、青島第二十二中学校として使用されています。残っている校舎は体育館のみで、特徴的であった三角屋根の校舎は、残念ながら今はありません。

(2)　戦前青島の日本人中等学校

1　青島日本中学校

①青島中学校の設立

本節では中学校、高等女学校、青島学院という青島にあった中等学校について紹介します。中等学校とは戦前は尋常小学校卒業後に進学する学校のことで、現在の高校に相当します。まずは青島日本中学校（以下青中）を紹介します。本項は設立の経緯について紹介します。

日本が青島を占領して二年目の一九一六年七月に、大谷喜久蔵青島守備軍軍司令官は自身の日記に「青島に中学と職工学校との得失研究」と題し、同月二〇日に「青島の中学と職工学校と孰《いずれ》か急なるや」と記し、中学と職工学校のどちらを優先させるべきか悩んでいました。結局大谷は同年一一月三〇日に青島中学校の開校に向けて旧ドイツ兵舎であった旭兵舎を中学校校舎に充てることを申請します［図10］。つまり、結局中学校の設立を決めたのです。旭兵舎とは、現在の中山公園（櫻公園）隣にあり、当時はイルチス兵営と呼ばれていました。現在も当時の建物が残っていますが、人民解放軍の施設となっており、門では衛兵がにらみを効かせているため、写真撮影はできません。なお、大谷は設置理由を以下のように述べています。

> 小学校生徒の如き開校当時僅に二百余名に過ぎざりしも、今や千名を超ゆるに至り尚増加の趨勢あるを以て曩《さき》に高等女学校を設置し女子高等普通教育の機関備

図10　青島中学校旭校舎　出典：『鳳雛』（一九二一年第一回青島中学校卒業アルバム）、個人蔵

はれるも、男子に在りては未だ中等教育の機関なく殊に来年三月尋常小学卒業及高等小学修業竝《ならび》に卒業生にして中学校入学希望者六十余名に達すべく尚他の植民地並に内地残留家族の希望者も可有之被存候に就ては来年四月より中学校を開設し此等子弟教育の途を講じ度候

大谷が中学校を選んだ理由は、第一に小学校の生徒が一〇〇〇人を超えたこと、第二に高等女学校は一九一六年に設立されたものの男子の中等教育機関がなかったこと、第三に一九一七年三月に尋常小学校を卒業する者や既卒生のうち約六〇名の中学校入学希望者がいたこと、第四に他の植民地（関東州や台湾、朝鮮など）や日本からも入学希望者がいることを挙げています。そして翌一九一七年二月に「青島中学校規則」が公布され、同年四月に第一期生が入学します。一期生は尋常小学校卒業者だけでなく、小学校既卒者もいました。そのため一年生だけでなく、二年生として入学した生徒もいました。

青島中学校設立時の教職員は校長一名、教諭七名、教師二名、書記一名でした。初代青島中学校長は熊谷政直で、他に教諭として三尾良次郎、山森正一、堀可直、江部易開、富岡朝太が採用されました。開校当初の青中教員の特徴は、上に挙げた教員全員が広島高等師範学校、現在の広島大学の出身者だったということです。

なぜ、広島高師出身の先生が多かったのでしょうか。青中卒業生で大谷司令官の孫の安藤良夫さんによると、「軍用船は広島の宇品に通っていて青島と内地の窓口でもあり、大谷軍司令官は広島高師の校長幣原《しではら》坦氏と親交があったこともあって、青島高

女、青島中学の設立に当たって意見も伺い、人材の推薦を受けた」からだといいます（『青島日本中学校校史』、一九八九年）。広島高師の校長と大谷司令官とが友人だったということが、広島高師出身者が多い理由だと考えられます。

②青島中学校の校舎移転

本項は桜ヶ丘校舎（魚山路キャンパス）への移転後について紹介します。［図11］のように、一九二一年六月に桜ヶ丘校舎が完成します。総工費約四五万円、レンガ造り二階建てで室内にはスチーム暖房完備という、立派な校舎が建てられます（『青島日本中学校校史』、一九八九年）。費用は一九一四年から二二年まで青島を占領していた日本軍（青島守備軍）から出されました。なお、青中のシンボルとも言える太い門柱は、図画教師だった田辺毅（京都高等工芸学校、一九一二年卒）の設計です。本来の設計ではもっと細かったそうですが、どうしたことか実際にできた門柱は設計よりも太くなってしまったそうです。しかしかえってこの太さが来る者にインパクトを与え、結果的にシンボルになっていきました。

こうして、青島中学校が本格的に軌道に乗ることになります。例えば教員数は一九一八年一月現在で八名でしたが、一九二〇年四月現在で二一名とほぼ三倍となります。さらに二一年と二二年でも教員採用数が増えます。その理由は、新校舎に移転することで、新入生が急増したためです。実際、一九二〇年まで九〇名前後の入学者でしたが、二一年の新入生は一四五名と約一・五倍も増えます。

しかし青中にとって大きな変化が新校舎設立直後に起こります。一九二二年二月に

図11　青島中学校桜が丘校舎　出典：遠藤一二『青島』（光陽社、一九四〇年）。

「山東還附」が行われた結果、青中の設置主体であった青島守備軍が引き揚げてしまいました。そのため運営費が止まり、廃校の危機に立たされます。とはいえ結果的に外務省管轄の青島居留民団に設置主体が移管され、名称が「青島日本中学校」に変更されます。この点は青島一小といった他の小学校と同様です。ただし青中と高女の運営費は義和団事件還付金を元手とする「対支文化事業特別会計費」から支出されることになりました。

「対支文化事業特別会計」とは、義和団事件賠償金の還付金のことです。一九〇〇年に義和団による列強諸国との戦闘が起こると清朝政府も反乱軍に乗じて欧米列強に宣戦布告し、結局敗北します。その結果一九〇一年に清朝と日本を含む欧米列強八ヵ国との間で「北京議定書」が結ばれ、清朝政府は下関条約による賠償金の二・五倍にあたる四億五〇〇〇万両の賠償金を支払うことなり、中国の財政は大打撃を受けます［川島ほか　二〇〇八］。このことが辛亥革命の遠因となります。この義和団事件賠償金を還付することをアメリカが率先して行い、アメリカへ留学する中国人留学生への奨学金とし、一九一一年に北京で予備学校が設けられます。この学校が今の精華大学の前身です。日本も義和団事件賠償金還付金を元に「対支文化事業」として一九二三年三月三〇日より運用します。

こうして、この事業により、その後二〇数年にわたって青中が存続することになったのです。

③青島中学校の教員たちの「派閥」

本項は居留民団立となった際、教員の出身校がどう変化したのか紹介します。前項では、一九二二年に「山東還附」が行われ、日本が占領していた膠州湾租借地が中国側に返還されたことを紹介しました。そのため青島守備軍が引き揚げてしまい、外務省管轄の青島居留民団に設置主体が移管され、名称が「青島日本中学校」に変更されました。設立当初は広島高等師範学校の卒業生が多いことを紹介しましたが、居留民団立となったことで広島高師の独占状態はどうなったのでしょうか。

結論から言えば、居留民団立になってから広島高師の独占は崩れます。では、どのようにして崩れていったのでしょうか。一九一七年から二二年の軍立時代の青島中学校に採用された教員（校医除く）は三四名で、そのうち広島高師出身者（尚志会員）が一七名と全体の半数を占めていました。また特徴的なこととして、同じ高等師範学校であった東京高等師範学校出身者は軍立時代にはいませんでした。

居留民団立となってからの一九二三年から三五年までに採用された教員は四九名でした。この時期の特徴として、広島高師卒業生が減少したことです。四九名中一一名と全体の約二割を占めるのみとなってしまいます。その一方で、これまで軍立時代にはいなかった東京高師卒業生が採用されるようになります。一九二七年に東京高師出身の小林隆助が校長となったことをきっかけに、その後も東京高師出身者の採用が現れるようになります。つまり、校長の出身校によって、その後の教員採用が決まっていく訳です。広島高師の校長時代には同校出身者が集まり、東京高師の校長時代にも同様の傾向となります。これはもちろん青中に限った話ではありませんが、いわゆる「コネ採用」が行われていたのです。［表6］は、青中の歴代校長一覧です。出身校に注目すると、広島高師と東京高師の二つの高師出身者が入れ替わりで着任していたことが分かります。

次項では、居留民団立となってからの教員採用がどう行われたのか、こうした「コネ採用」の実態について見ていくことにします。

④青島日本中学校の教員採用

本項は居留民団立となってからの教員採用について紹介します。軍立時代には東京高師卒業生はいませんでしたが、一九二七年に東京高師出身の小林隆助が校長となったことをきっかけに東京高師出身者が採用されるようになったことを前項では紹介しました。

そこで本項はこうした「コネ採用」の実態について見ていくことにします。結論から言えば、公式ルートと非公式ルートのふたつのルートがありました。公式ルートは、以下のように行われていました。文化事業部とは前に紹介した「対支文化事業特別会計費」を運営する組織として、外務省内に設置されました。まず文化事業部が中心となって候補者や候補者の出身校と予備交渉を行い、採用前の準備をします。次に外務大臣と青島総領事館とが連絡を取り合い、文化事業部の決定を外務大臣経由で総領事に伝えられます。そして総領事から学校長に採用者の内定が伝えられます。このルートでは校長は出てきませんし、文化事業部と校長が連絡を取り合うこともありません。秀島寅治郎青中校長が「採用決定権は有し居らず」とある資料に記していますが、校長が直接人事権を有して教員採用が行われていたわけではなかったからです。しかし、

表6　青島中学校の校長一覧

氏名	在任期間	出身校	卒業年	前任校
熊谷政直	1917.2-1923.10	広島高等師範学校 本科地理歴史部卒	1906	富山県立砺波中学校
富岡朝太	1923.11-1927.4	広島高等師範学校 本科博物学部	1908	富山県師範学校教諭 兼付属小学校長
小林隆助	1927.8-1930.3	東京高師		
長沼亨	1930.3-1931.4	東京高師		
秀島寅治郎	1931.5-1936.5	広島高等師範学校 本科博物学部	1908	青島日本中学校
大野清吉	1936.11-1944.1	東京高等師範学校 本科英語部	1910	栃木県立大田原中学校長
池見利夫	1944.3-1945.10	東京高師	不明	不明

実態としては学校長が候補者を自分で詮索し、候補者を絞ってから文化事業部に依頼するという、非公式のルートがありました。いわば校長のイニシアティブで教員人事が動いていたわけです。

一方で、校長の採用は事情が異なります。前任校長が推薦するという訳でもなく、文化事業部からの推薦で行われていました。一九三六年に青中校長となる大野清吉は、文化事業部の小林隆助と連絡を取り合います。小林は、前項で紹介したように青中校長となった初の東京高師出身者です。大野は推薦されたことを喜びますが、小林に対して採用後の懸念として以下の心配をします。「一、俸給は増給して下さる事と存じますが／二、年功加俸は如何でしやうか。／三、住居は住宅がありますが／四、家族は同伴出来ましやうか」。このように、教師としての一面より、生活者としての一面が強く見られます。また大野は青中教頭鵜飼盈治と東京高師の同期であったため、片方が校長となると教頭のまま定年を迎えてしまうことを鵜飼が心配していると小林に連絡をしています。東京高師出身者内部での、微妙なやりとりがあったことが垣間見えます。

これは青島の中等学校に限った話ではないのですが、戦前の教員採用には校長の存在が大きく影響し、さらに校長の採用には出身校による棲み分けという「学閥」があったと言えます。

2　私立青島学院

①私立青島学院の設立

本節では戦前青島で日本が設立した学校の中で唯一の私立学校だった青島学院について紹介していきます。一般に現在の中国側の学制では「学院」とは日本の学部や短大に当たるのですが、青島学院は中等学校（中学校や高等女学校、実業学校など）でした。なぜかと言いますと、設立時にキリスト教との関わりがあったためです。日本でも例えば明治学院や関西学院など、ミッションスクールに「学院」という名が付けられます。青島学院においても、実はキリスト教との関係がありました。

日本が第一次大戦中に青島を占領して二年目の一九一六年四月八日に、青島学院は青島英学院として馬関通二一番地（現在の肥城路、天主教堂前の坂道）に設立されました。〔図12〕は、その時から記録されてきた書類を収めた簿冊です。設立当初は学院長兼教諭として吉利《よしとし》平次郎《へいじろう》が、設立者として日本組合基督教会（一九四一年に日本基督教団に統合されて消滅）の松井文弥が就任しました。松井文弥の伝記『青島学院沿革史談』（一九二九年）によると、吉利はアメリカのコロンビア大学を卒業し、その地で洗礼を受けたクリスチャンで、鹿児島などの中学校で英語教師をしていました。吉利は友人や親戚が日本の占領直後の青島にいた関係で、青島にやってきました。吉利は松井の教会に一泊します。その時に松井が夜学校を設立するので教師になって欲しいと依頼しました。こうして、青島学院は当初教会の英語塾として始まったのです。

②私立青島学院の教員たち

青島学院はその後どのように展開していったのでしょうか。一九一六年一〇月に英語部初等科第一回卒業生一八名を出し、さらに簿記科と日語科を増設します。翌

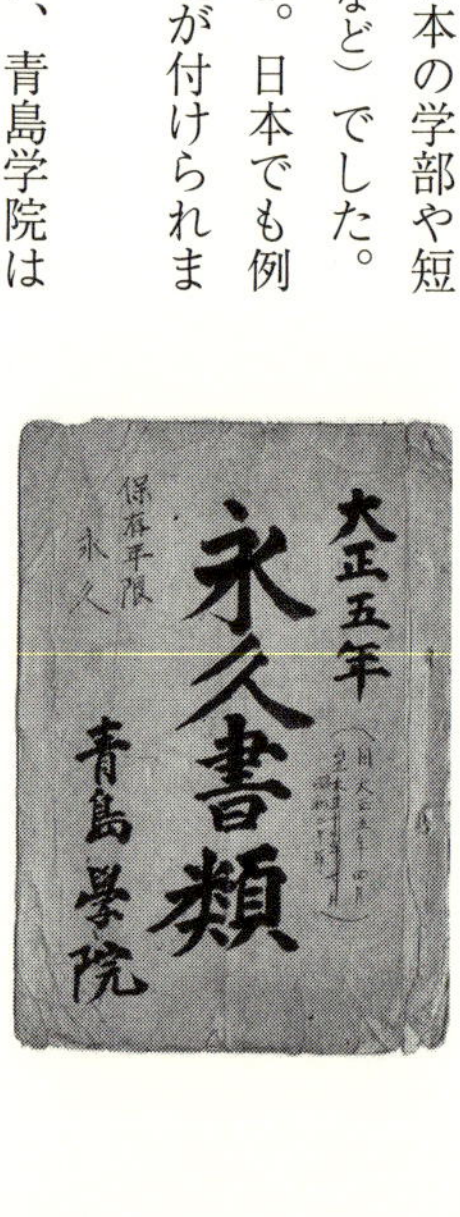

図12　私立青島学院

一九一七年四月に青島学院と改称し、「本科、高等科、専修科の三科」が設置されます。本科は甲種商業学校程度で修業年限三年、高等科は専門学校程度で一年、専修科は英語と日本語を教授し、一年ないし二年でした。夜間の英語塾からわずか一年で「日中共学」の商業学校としての基礎を作っていきます。

では、どんな人が初期の青島学院で教鞭を執ったのでしょうか。[表7]は一九二〇年の教職員一覧です。入間田と伊藤小三郎は青島中学校嘱託《しょくたく》で、賀長齢は青島日語学校教師でした。また泉平は、一九一九年一〇月一〇日に青島公学堂及び日語学校教師を退職し、青島学院に専任教師として採用されます。このように青島学院は、教員確保の面で青島市内に位置する他の日本側教育機関と連携を取っていたのです。

経費は授業料の他、基督教会および同教会青年会の補助、さらに篤志家《とくしか》の寄附金によって運営されていました。一九一九年三月に教会とは別に、理事会が組織されます。一九一七年四月から「山東鉄道管理部より青年従業員教育の委託を受け学校用器具の貸与及鉄道部員に各専問《ママ》学科教授を担任せしめらるるが如き便宜」を得ることになり、

表7　1920年現在の私立青島学院教職員一覧表

担当学級	職名	氏名	本籍	就職年月日
本科高等科	学院長	吉利平次郎	鹿児島	16年4月8日(土)
本科高等科	教師	入間田毅	宮城	17年4月5日(木)
本科高等科	教師	里村英夫	京都	17年4月5日(木)
本科高等科	教師	吉岡愛	岡山	18年1月5日(土)
本科高等科	教師	山崎恒吉	東京	18年10月5日(土)
本科高等科	専任教師	韓鵬九	奉天	19年8月5日(火)
本科高等科	教師	国見良郎	徳島	19年11月4日(火)
本科高等科、日語科	専任教師	泉平	佐賀	20年1月15日(木)
本科高等科	教師	宗接鶴茶	東京	20年2月20日(金)
本科高等科	教師	柿内靖	千葉	20年2月20日(金)
本科高等科	教師	伊藤小三郎	愛知	20年4月1日(木)
本科高等科	教師	賀長齢	直隷	20年4月5日(月)
本科	教師	佐藤謙二郎	青森	18年4月5日(金)
本科	教師	上田良策	愛知	19年4月14日(月)
本科	教師	房前由平	大分	19年7月25日(金)
本科	教師	中山健太郎	鳥取	19年10月24日(金)
本科	教師	正清嘉七郎	熊本	20年1月10日(土)
本科	教師	折井岩太郎	長野	20年2月5日(木)
本科	教師	石川元近	東京	20年4月1日(木)
日語科	教師	張化甫	山東	20年4月20日(火)
日語科	教師	賀茂増平	静岡	20年5月1日(土)

一九一八年七月から青島守備軍民政部から月額一〇〇円、一九二〇年三月からは月額二五〇円の補助金を下付されるようになりました。さらに一九二一年に修業年限五年の昼間甲種商業学校を開設し、第一回生徒六〇名が入学します。一九二二年三月二〇日に財団法人として青島守備軍より認可されます。このように、山東鉄道や青島守備軍民政部が青島学院の経営を支え、商業学校として展開していくことになったのです。しかし、ここで大きな問題に直面します。それは、やはり一九二二年の「山東還附」により青島守備軍が引き揚げることでした。青島守備軍に頼っていた青島学院は、一体どうなるのでしょうか。

③私立青島学院の再編

青島守備軍の補助がなくなり、青島学院は困惑します。一九二三年五月五日付で財団法人青島学院は内田康哉外務大臣に宛てて「補助金下付願」を提出します。この書類では、軍撤退の影響について三点を挙げています。第一に夜学生の減少です。「軍撤廃に伴い生徒減少（特に夜学生の減少甚だし）し収入減少したること夜学生より来たる収入を以て昼間商業学校の経費を補い来たりしことなれば夜学生の減少は一大打撃なり」と、夜学生が減少することで学校経営、特に商業学校の経営が立ち行かなくなることを憂いています。第二に「民政部より補助金廃止せられたること」です。第三に寄附金の減少です。「軍撤廃と経済界不況との両方面より来たる人心不安の為めに臨時寄附金に就ては予想し得ざるも少額」であろうと予測しています。青島学院の財政状況について、「従来学院の経費は民政部の補助金（毎月二百五拾圓）と授業料収入と民間有志の賛助金醵出《きょしゅつ》とに依《よ》りて漸《ようや》く支え来」ましたが、「近来財界の不景気と軍撤廃に伴い収入減少し大正十三年度に於て別紙青島学院予算書の通り年額五萬六百五拾圓の不足を生ずる次第」であり、青島守備軍から下賜された金二万円以外に基本金がないことを訴えています。

その一方で、「中国人学生に対しては強いて之（授業料増額：引用者註）を行うは彼等の就学を益々普《あまね》からしむるの趣旨貫徹上に取りても策の得たるものに無之《これなき》」と、授業料を引き上げられない事情を説明しています。さらに「昼間商業学校は全学級完成するまでの今後三ヶ年間は逐年学級を増加し経費の膨張を来すのみにして前述収入の不足額は年々多きを加え」、不足金は年額で八万五、六千円に達すると予想しています。

その後も民間有志からの醵金を仰ぐなど経営策を講じていますが、「一は日支共栄の大旨に依り、一は従来支那に於ける邦人の文化事業として御承認を得たる主旨に基づき特別の御詮議を以て前期不足額を対支文化事業費中より御下付相成る様」取り計らうことを希望しました。このように「山東還附」は青島学院の学校経営において深刻な問題をもたらしたため、青中や高女に適用された「対支文化事業費（対支文化事業特別会計のこと）」の補助を希望しているのです。

「対支文化事業」特別会計による補助はすぐにはなされませんでしたが、一九二五年五月にようやく政府から基本金として金一〇万円が下付され、経営が安定します。一九二八年三月一三日、青島学院商業学校が在外指定学校として認可され、卒業資格を日本の学校と同様に扱うといった特典が付与されます。こうして、青島学院は「日支共学」を掲げた学校でありながらも、基本的には日本側の学校体系に準拠していくのです。

④私立青島学院の最後

一九一六年に青島英学院が設立されて以来、約三〇年間に亘って私立青島学院が経営されます。しかし、日本の敗戦に伴い、学院も閉校の運命を辿ることとなります。その情況について、米村秀司『消えた学院　日中共学を実践した「青島学院」の三十年を追う』（ラグーナ出版、二〇一一年）に収められた学院長吉利平次郎の日記から見ていきます。

一九四五年八月一四日
出勤。中国人の風説によると日本が無条件降伏したことで物価が大きく下落したということを聞き何か変化があるものと不安になった。午後八時の放送で明日の正午に重大なる放送が内地からあることを知る。明日の正午を待つ熱意に燃えている（略）
八月一五日
出勤。正午から陛下の御詔勅が放送され拝聴したがラジオが良くなく充分に聞くことが出来なかった。午後三時に総務大臣の放送があったがこれも聞けなかった。ただ英、米、支、露の四ヵ国の共同宣言を受諾する止む無きに至ったということは大体、聴取できた。臣民として真に憤りに堪えないが御聖詞に従うしかない。午後十時頃、興亜新報の号外が出て御詔書、内閣諭告の全文、領事館の談話

を知ることができた（略）

八月一六日

出勤。本日敵側の英、米、支の三国が発表したポツダム宣言及びカイロ宣言とともに詔書の発表までの政府、宮中などにおける経緯が発表された。実に悲憤の至りである。我等が如何に苦難に置かれているか不安であるが、自治の道を講ずることが第一と信じて、校庭や自宅の畑の手入れに力を入れる。現金を携帯する必要があるので準備する。予科生募集を決定し準備を急がせる（略）

吉利は中国人卒業生など、様々な中国人と接する機会が多く、中国人を通して「玉音放送」の前に日本の敗戦を知っていました。一五日の放送当日は、ラジオの感度が悪く聞き取れなかったようです。しかし、敗戦を知った時の吉利は「臣民として真に憤りに堪えない」とその心中を吐露します。また敗戦に伴い身辺が大きく変化することを予想し、「自治の道を講ずる」ために畑仕事をしたとあるように、青島に定着する方針を採るつもりだったと考えられます。

学院はこのまま閉校に至ったかというと、そうではありません。一六日の日記に「予科生募集を決定」とあるように、学院の存続を維持することとなります。予科生とは商業学校、実業学校へ進学することを前提とした、中国人向けの教育課程です。つまり中国人学生の募集を決定したと言うことです。

九月一日

紘宇女学校、実業学校が始業式。（略）

九月一五日

（略）実業学校の授業をおこなう。しばらくの間、英語を二時間授業することになる。予科受験生の口頭試験をおこない六名の入学を許可する。日本が無条件降伏して新市長が入市する。接収が本日行われるのではないかと人心は不安でいる。新入学志願者がある。実業学校の始業式には中国人学生がたくさん出席するなど他では見られない状況である。

このように、九月に入ると館陶路キャンパスで始業式を行い、授業を開始します。一五日には先に見た予科生の入学試験を行い、六人が入学します。日本の敗戦後であるにもかかわらず始業式には多数の中国人学生が出席したそうです。しかし、おそらく国民政府側の者が市長となることで、いつ校舎の接収が行われてもおかしくない状況となり、吉利は不安を覚えます。では、実際に校舎はどのように接収されていったのでしょうか。

一〇月六日

夕方の新聞で青島市内の民団立の中学校、女学校、第一、第二、第三国民学校が米軍に接収されたことを知る。青島学院だけは実業学校、商業学校、紘宇女学校の三校とも接収されていないことを知り誠に幸いと感じた。

一〇月一〇日

米国海軍が来校して商業学校を接収するので明日の夕刻までに明け渡すように云って立ち去った。（…）張氏によれば市公署は康健中学校の校舎がなく困っているから商業学校を貸したらどうか？これは米海軍の接収を防ぐ便法である（…）一部分を貸与しても差し支えないと答えた。青島中学校など日本の学校が明け渡しを命じられ日本軍も急に滄口に移転を命じられた訳である。今日、張氏へ一部分を貸して良いと言った一言は一大禍根となり永久に学校を失うことに至る。

一〇月一二日

中国側の教育局から商業学校を接収し中学校校舎として使用する書面が夕刻に到着した。書面は相談のうえ秘密裡に接収することに反対したから公文書で接収を通知するものと書いてあった。三十年の努力の結晶が一朝にして中国側に取られた。

一〇月一九日

館陶路の実業学校の門標を中国側が勝手に取り外したあと莱陽中学校の門標を掲げたとの報告を得た。

一〇月二二日

莱陽中学が終に実業学校を強奪したことで安（吉利平次郎の息子）は渉外部や民団などへ奔走する。

米軍が青島に上陸するのは一〇月一〇日以降ですが、同月六日にはすでに米軍によって民団立学校が接収されたとあります。一〇月一二日に商業学校（単県路）校舎が「康健中学校」に、一〇月一九日に実業学校（館陶路）が「萊陽中学校」にそれぞれ接収されてしまいます。接収逃れのために卒業生らを通じて中国人に貸与したのですが、結果的に中国人に乗っ取られるという形で接収された、と吉利は捉えています。こうして三〇年に亘って吉利が経営してきた青島学院は、閉校に至るのです。失意の吉利は同年一二月に引き揚げますが、自身の手荷物は一切持ちませんでした。ただし税関に卒業生が勤めていた関係で便宜を図ってもらい、本来ならば持ち出しが許されない学院の『学籍簿』や学院書類を持って鹿児島に引き揚げます。しかし心労のためか、引き揚げ後間もなく亡くなってしまいます。

3　青島高等女学校

①青島高等女学校の開校

青島守備軍が中等学校として最初に設立した学校は、実は中学校ではなく青島高等女学校でした（［図13］）。なぜ、青島高等女学校は中学校よりも先に設立されたのでしょうか。その理由は「大正五年四月青島小学校第一回の卒業生を出すや女子は男子と異なり容易に笈を負て父母の膝下《しっか》を辞するを許さざる情況にあるを以て先ず此等女子を収容する高等女学校を開設するの必要を感じ」（『青島軍政史』第二巻）ためでした。つまり男子は小学校卒業後「笈を負て父母の膝下を辞」して「内地」の中等学校に進学することができましたが、女子は父母の元から離れることができないという男女の就学事情による違いが背後にありました。青島高等女学校の設立にあたって、「武岡顧問」による助言があったそうです。大谷喜久蔵青島守備軍司令官の一九一六年一

図13　青島高等女学校校舎　出典：遠藤一二『青島』（光陽社、一九四〇年）。

月一三日付の日記によりますと「小学校及高等女学校新設の計画も目下調査中にして女学校の為めには約一万円を要すと武岡」が大谷に助言したとあります。この武岡という人物は大谷喜久蔵の日記に出てくるだけで他の資料からは確認ができなかったため、何者なのかは分かりません。が、この武岡顧問という人物の助言によって、大谷喜久蔵は高等女学校の設立を決断したのです。

では、新設の高等女学校にはどこから教員を迎えようとしたのでしょうか。一九一六年三月一二日の日記によると、「武岡顧問来訪高女校長は来る廿日《はっか》頃宇品出船にて来任の電報」があったことが記されています。到着は同月二九日で、「桐谷新任高等女学校長来青留守宅書面を受領す」と広島から桐谷岩太郎が着任したことが述べられています。桐谷は「在職九ヶ年（広島高等師範学校：引用者註）附属中学校に勤務せらるる傍《かたわ》ら本校地理の授業を分担されました又教科目研究会の委員」でした。さらに広島高師の機関誌『尚志同窓会誌』第二三号では、桐谷の送別会の様子が記されています。「桐谷教諭は青島に出でて其《その》平素の抱懐と学識を実地に施し、新附の地新占領地の域に理想的の教育を行われて国威発揚の一助とならるるは亦《また》近来の痛快事である」と紹介されています。第二四号では「本年（一九一六年：引用者註）三月中第二回地歴部の桐谷岩太郎氏は新占領地青島に高等女学校長として赴任せられました」と、広島高等師範学校附属中学から青島高等女学校長として赴任したことが記されています。こうした記述から、広島高師側もかなり期待を込めていたのではないかと考えられます。また『青島軍政史』によると教員は「広島高等師範学校長に依頼して職員を選定せしめ」たとあります。このことから、青島中学校と同様に、青島高女もまた、設立時に広島高師から教員を迎えていたことが分かります。

青島高等女学校は一九一六年三月一一日に青島軍政委員長の吉村健蔵によって「青島女学校生徒募集の件」が『公報』一〇五号に告示され、「四月より新たに開設すべき青島女学校（高等女学校程度）生徒（第一第に第三学年共）を募集」します。同年四月八日に「青島高等女学校仮規則」が吉村名義によって制定されます。「校舎は幸町元独華高等学校内旧校舎を充当し四学年制を採用し入学試験を行い一年より三年迄の学級を編成し同十五日より授業を開始」します。こうして、一九一六年四月一五日に一年生から三年生までの新入生を迎えて、青島高等女学校の歴史が始まるのです。その最初の校舎は、先に紹介した徳華高等学堂の校舎だったのです。日本は徳華高等学堂という学校は引き継ぎませんでしたが、校舎は青島高女として引き継いだのです。

さらに翌一九一七年一月に文部省告示第一号で在外指定学校に認可され、「内地」の高等女学校と同格の卒業資格が得られることとなります。生徒募集は一九一七年二月に竹内軍政長官名で出され、「本年四月青島高等女学校第一学年に入学すべき生徒竝《ならびに》本年度に限り第二、第三学年生徒補欠募集」を行います。設立二年目では第一学年の入学を基本とし、初年度である程度の生徒数が確保できたため、第二第三学年の生徒補欠募集をこの年のみに限定します。なお、設立当初は仮規則により運営されますが、設立翌年の一九一七年六月二九日に「青島高等女学校規則」が制定され、新たに補習科の規程が追加されます。こうして、青島高等女学校は学校としての体裁が整えられていくのです。

②青島高等女学校の教員の行方

設立後の青島高女にはどんな教員が採用されたのでしょうか。本項は主に、教員の動きについて見ていきます。青島中学校のように、広島高等師範学校の出身者（以下では同窓会組織名から尚志会員と略します）が多数を占めていたのでしょうか。

教諭として採用された者一〇名のうち尚志会員は四名でした。つまり中学校ほど尚志会員の割合は多くありません。なぜなのでしょうか。それには、高等女学校としての特有の事情がありました。一九一八年一月の統計では男性四名女性七名であり、女性が男性を上回っており、そもそも男性教員自体の比率が低かったのです。そのため男性しかいない尚志会員の割合も低くなったわけです。この点が中学校との違いです。

では、教員数と尚志会員の割合はどう変化したのでしょうか。［表8］のように一九一六年から二一年に至るまでの軍政期では半数近くを尚志会員が占めていましたが、山東還附直前の二二年には一五％まで低下します。さらに青島守備軍が撤退すると青島高等女学校は「大正十二年三月三十一日まで守備軍に於て経営し同日居留民団立となり校名を青島日本高等女学校と改称」します。こうして青島守備軍青島高等女学校が青島居留民団立青島日本高等女学校へと移管されます。移管後の一九二三年以降は尚志会員の割合は一割前後にまで低下します。では、こうした青島を去った尚志会員は一体どこへ行ったのでしょうか。その後の彼らの動きを追ってみましょう。

そこで『広島高等師範学校一覧』から［表9］を作成しました。この経歴を分類すると、校長と一般教員とで違いが見えます。まず校長人事から見ていきましょう。初代校長桐谷岩太郎（在職一九一六年四月から二二年）をはじめ、二代祝光次郎（一九二二年

表8　広島高師出身者の割合

	教諭数	広島高師	割合
1916	5	2	40.0%
1917	7	2	28.6%
1918	10	3	30.0%
1919	11	4	36.4%
1920	11	5	45.5%
1921	12	4	33.3%
1922	13	2	15.4%
1923	14	2	14.3%
1924	13	2	15.4%
1925	14	1	7.1%

から二四年）、三代瓜田友衛（一九二四年から二六年）はともに尚志会員で、祝・瓜田はともに青島高等女学校教諭からの昇任人事でした。青島日本高等女学校に改組して外務省管轄となった一九二三年以降、この二人は校長職となります。この二人は青島高女で初めて校長となり、「内地」に転出後も校長職を続けていきます。このことから、青島への転出は彼らの社会的上昇につながったと言えます。出世のための第一歩が青島高女での教員生活だったわけです。

次に一般教員の尚志会員を見てみましょう。桐谷、祝、東山は「内地」に転出し、一由は朝鮮、林は朝鮮の後樺太《からふと》、瓜田は樺太と青島以外の別の「外地」に転出します。興味深いことに、校長を除いて「山東還附」後の一九二三年以降も教員として青島高女に留《とど》まった者はいませんでした。なぜ彼らは青島に留まらなかったのか分かりませんが、彼らは軍政期の青島高女を足掛かりに、新天地に散っていったのです。もちろん移管後に採用された尚志会員もいます。一九二四年採用の木村兵三（二一年文科第二部卒）、三一年採用の山本武一郎（二六年理科第三部卒）、三五年採用の藤本厳（三三年理科第一部卒）がい

表9　青島高等女学校に採用された広島高師出身者の転出先

氏名	卒業年	卒業学部	経歴
桐谷岩太郎	1907年	地理歴史部	1908-10：広島高師助教諭兼訓導、1911：広島高師教諭、1912-15：広島高師助教授兼教諭、1916-21：青島高女長、1922-23：大阪泉南高女長、1924-27：大阪堺高女長、1928-：大阪夕陽丘高女長
瓜田友衛	1908年	博物学部	1908-18：鹿児島第二中、1919-22：青島高女、1923-25：青島日本高女、1926-30：樺太大泊高女、1931-33：樺太真岡中学校長、1934-：樺太大泊中学校長
祝光次郎	1912年	英語部	1912-13：兵庫第二神戸中、1914-16：京都帝大文科大学学生、1917-18：愛媛県師範、1919-21：青島民政部視学官兼青島高女、1922：青島高女長、1923：青島日本高女長、1924：鹿児島伊集院中学校長、1925：不明、1926-28：非役、1929：東京聖労院長、1930：死亡
東山好計	1913年	博物学部	1913-15：北海道函館高女、1916-18：青島高女、1919-21：大阪府河内郡視学、1922-23：富山県視学、1924-28：茨城県社会教育主事兼県立農業補習学校教員養成所教諭、1929-30：文部省嘱託、1931-：島根県社会教育主事
一由信五	1915年	英語部	1915-16：茨城土浦中、1917-18：三重第一中、1919：千葉木更津中、1920-21：青島高女、1922：朝鮮京城女子高普、1923-33：朝鮮京城第二高女、1934：朝鮮平安南道視学官、1935：死亡
林章	1916年	英語部	1916-17：兵庫姫路中、1918-20：青島高女、1921-22 青島中、1923：京都舞鶴中、1924：不明、1925-26：朝鮮鏡城高普、1927-：樺太真岡中

ます。なお木村は少なくとも三八年まで一〇年以上連続して青島高女に勤務していました。しかし彼は結局校長に昇進することはありませんでした。長く勤務していたからといって、教頭や校長に昇進するとは限らなかったのです。

(3) 敗戦後の青島日本人学校と戦後日本

1 敗戦と青島からの引き揚げ

一九四五年八月に日本が連合国に敗北することで、第二次世界大戦は終わります。青島の各日本人学校は九月に入ると二学期を迎えますが、同年一〇月末までに全て閉校となります。というのも、中国大陸にいた多くの日本人は、一部の留用された人々を除いて日本に引き揚げることとなったためです。

敗戦直後の日本政府は船舶の不足や食糧不足といった物理的制約の他に、海外の日本人をめぐる環境が急速に悪化することを予想しなかったため、現地定着と限定的引揚《ひきあげ》の二本柱を基本としつつも、大局の見通しを立てないでいました［加藤二〇一二］。ただし引揚者対策は八月二四日の次官会議で「臨時復員対策委員会」の設置が決定されるなど、具体的な受入体制の整備は早く進めました。さらに九月五日には「外征部隊及居留民帰還輸送に関する件」が閣議決定され、「満鮮及支那方面」の輸送を優先することとなります。また具体案ではまず「満洲（主として北鮮及大陸）及支那（主として天津、青島、上海、香港、安東）」に日本船を充当し、ついで南京、中部太平洋、フィリピン、台湾、千島、朝鮮、樺太、伊豆小笠原及び南西諸島からの引き揚げに移行する予定でした。輸送開始時期を一九四五年一〇月に予定していました。早期送還へと方針転換したのは、ソ連による満洲侵攻によって引き起こされた治安悪化が原因でした。一方でアメリカ及び中華民国側では一九四五年一〇月二五日から二七日にかけて上海において、米軍側と中国側との間で引き揚げに関する合同会議が開かれ、「日本人送還に関する基本計画（October Plan）」が決定されます。この計画では国府軍の下で日本人兵士・民間人を送出港の天津、青島、上海、広東へ移送し、次に米軍が中国本土、台湾、日本間の海路輸送を担うという二段階で進める計画でした。つまり、日本側もアメリカ側も、青島を引揚拠点の一つに位置づけていたのです。アメリカは中国の安定化と日本軍の武装解除、国民政府軍は残留日本人への補給増加への懸念から早期送還へ踏み切りました［山本　二〇一四］。

日本政府も、米軍及び国民政府軍も、四五年末には大陸からの引き揚げを開始する方針を採り、一〇月から太平洋諸島および南朝鮮（この時にはまだ「大韓民国」は成立していません）からの復員が本格化します。華北では蒋介石が日本軍の武装解除を国民政府軍進駐前に米軍が行うよう要請し、米第三水陸両用軍団が行います。こうした関係から、青島は米海軍が占領したと考えられます。

青島ではどのように日本への引き揚げが実施されたのでしょうか。青島学院長吉利平次郎によると、「一九四五年一二月五日（略）辰日丸が入港した旨。第一回日本人の帰還者がいよいよ出発することになった」とあります［米村　二〇一一］。「日本人送還に関する基本計画（October Plan）」が決定されてから約一ヶ月後に青島での引き揚げが始まったのです。吉利によると、続いて一二月一七日に米軍揚陸船艇、同月二一日に米軍船艇が出港し、四六年一月五日、七日、九日に出航予定だったといいます。こうして、一九四五年から翌四六年にかけて、青島にいた日本人の多くは日本に引き揚げることとなりました。

2　戦後日本における青島中学校同窓会「鳳雛会」の再興

本項では、日本に引き揚げた戦前青島日本人学校関係者が同窓会組織によって集結していったことを紹介します。

戦前から青島中学校の鳳雛会《ほうすう》、青島学院の桜稲会《おうとう》、青島高等女学校の若鶴会などといった同窓会組織がありましたが、こうした組織が戦後引き揚げた青島関係者を再び結びつける役割を果たします。本項では資料の関係から鳳雛会に絞って、戦後の動きについて紹介します。

『青島日本中学校校史』と『青島日本中学校同窓会会誌』第五二刊によりますと、一九四五年の廃校に伴って鳳雛会もまた活動停止となってしまいました。しかし東京在住の第一五期生を中心に一九五一年頃から会員への呼びかけを始め、東京在住の判明者分をまとめた「在京鳳雛会名簿」第一号を一九五三年に発行して活動を再開します。翌一九五四年に鳳雛会会則を制定し、第一回定期総会が開催されることで鳳雛会は再興します。一九七一年の第一七刊から会誌としての形式で発行されるようになり、会員からの短信や支部便り、青島中学校関係資料などを掲載するようになりました。

一九六九年の名簿では約一二〇〇人に達し、会員の多くは会社勤務などの実務に就いていました。そこで名簿に記載されている勤務先や職業から会社の仕事関係などに利用されたとみられ、会員同士の親睦を図ることができたようです。

一九八七年の定期総会で『青島日本中学校史』の編纂を決定し、一年九ヶ月にわたって幹事委員と編纂事務局委員を中心に編集製作が行われ、一九八九年に発刊されます。本書で用いている『青島日本中学校校史』は、こうして誕生しました。

しかし、役員の高齢化と会員の減少が著しくなったため、青島中学創立九〇周年にあたる二〇〇七年に鳳雛会の活動を終了して解散することになりました。二〇〇八年に最後の会員名簿を発刊し、「鳳雛会連絡室」を設置して解散しました。

二〇一九年現在、鳳雛会を含め全ての戦前青島日本人学校の同窓会組織は解散しています。

3　日中国交正常化と青島への進出

青島で職を持っていた関係者を中心に一九五五年に東京青島会が結成され、六月二〇日に会報第一号（当初「東京青島会」、のち「全国青島会報」に改称）が発刊されます。会報は青島での思い出を綴った短文だけでなく、青島関係者や鳳雛会・桜稲会・若鶴会といった同窓会の動向、さらには「〝青島牛〟輸入は可能か／東京で食品貿易に付いて日中会談」（一八号、一九五七年一二月発行）や引揚者給付金の情報（三六号、一九六〇年五月発行）というような情報も掲載されています。日本の敗戦と中華人民共和国建国により、日本と青島との直接の貿易ルートは閉ざされてしまいますが、この会が国交正常化前の日中貿易に関わった可能性もあります。

一九七二年に日中の国交が回復し、一九七八年に日中平和友好条約が締結されます。こうして、日本企業が本格的に中国に進出できる基盤がようやくできるのです。

4　青島日本人会の結成と青島日本人学校の創設

青島に進出する日本企業の増加に伴い、一九九〇年に青島日本人会が発足します。法人会員数は二〇一五年八月現在三五三社です〔山口銀行国際部　二〇一五〕。二〇一七年現在、外務省在青島総領事館が把握している日本人数は二四六五人となっています（外務省「海外在留邦人数調査統計」）。そのうち長期滞在者は二四五五人です。

日本企業の増加に伴い学齢児童も増え、二〇〇〇年に北京日本人学校による夏季巡回指導として青島日本人補習授業校が開校します。二〇〇四年に青島日本人学校が正式に開校し、小学一年から中学三年までの児童生徒が通えるようになります。さらに児童生徒数の増加に伴い青島市市北区同興路に新校舎を建設し、二〇〇八年八月に青島大学華文学院より新校舎に移転します。新校舎には、教室や職員室といった学校施設の他に、青島関係資料室が設置されました。〔図14〕のように、戦前青島の日本人学校卒業者から寄贈されたアルバムといった資料が保管され、日本人学校の児童生徒が教材として用いています。現在の青島日本人学校と戦前青島の日本人学校とは制度的にはつながっていませんが、青島日本人学校に学ぶ小中学生が当時の青島における日本人の活動を知る上で、重要な資料となっています。

おわりに

現在、日本における青島の知名度は高いとは言えないでしょう。しかし、本書で見

図14　青島日本人学校の資料室
二〇一〇年一〇月筆者撮影

てきたように、戦前は青島と日本との関係は密接であり、その結果多くの日本人学校がこの地に設立されました。

ところが、戦前の青島の日本人社会を知る方はどんどんこの世を去り、青島の記憶は失われようとしています。二〇一九年現在、関係者が少なくなったことにより戦前青島日本人学校の同窓会組織は全て解散し、青島会に合流しました。しかし青島会も二〇一七年に最後の大会を開催し、解散しました。。

本書が現代日本で青島への関心を喚起することに少しでも貢献できることを願っております。

〈附記〉本書は科学研究費（挑戦的萌芽研究）「帝国日本の「外地」中等教員ネットワーク」（研究課題番号：二六五九〇一九九、二〇一四年度～二〇一七年度）で得られた研究成果の一部です。また青島日本人会、青島日本人学校、吉利平次郎のご遺族より資料の閲覧などに関して多大な援助をいただきました。篤く御礼申し上げます。

参考資料

［参考図書案内］

①青島日本中学校校史編集委員会『青島日本中学校校史』（西田書店、一九八九年）

このブックレットでも多く取り上げた、青島日本中学校の卒業生をはじめとする関係者によって書かれた学校史です。卒業生や元教員の体験談だけでなく、学校規則といった資料や教職員・卒業生名簿をまとめており、資料的価値が高い文献です。

この文献が書かれた背景として、以下の事情があると思われます。敗戦によって中国大陸にあった日本人学校は廃校となったため、こうした学校の同窓会では記憶を引き継ぐ後輩が増えることはありません。そのため一九九〇年代以降引揚者の高齢化に伴い閉会を余儀なくされます。よって、この時期に同窓会最後の事業として記念誌が編纂され、記念碑の建設が行われます。『青島日本中学校校史』の刊行もまた、一九八九年という引揚者の高齢化が目立つ時期に、鳳雛会という同窓会がまとめ上げた記念誌と言えるでしょう。

②米村秀司『消えた学院　日中共学を実践した「青島学院」の三十年を追う』（ラグーナ出版、二〇一一年）

丹念な資料調査とフィールドワークによって、青島学院の理念であった「日支共学」

がどう実践されたのか、学院長であった吉利平次郎を取り囲む人間関係がどのようなものだったのか迫っています。青島学院が地元青島の中華商務総局会長といった有力中国人商人の支持を得ただけでなく、日本の皇族や陸海軍の要人との関係を持っていたことを明らかにしています。さらに、このブックレットで取り上げた吉利平次郎の日記のように、日本の敗戦に伴う引揚の様子が分かる資料が収められており、歴史的にも価値が高い文献です。

③山本一生『青島の近代学校——植民地教員ネットワークの連続と断絶』（皓星社、二〇一二年）

このブックレットの土台となった研究書です。戦前青島の中国人学校と日本人学校について体系的にまとめています。各学校の成り立ちについて、外交面や経済面といったマクロな視野と教員の採用というミクロの視野の両面から分析しています。本書では日本人学校を中心にまとめましたので、中国人学校の詳細は同書をご参照ください。このブックレットを読んで青島の学校に関心を持った方には一読をお勧めします。

④荻野純一、今井卓『青島と山東半島　〝ドイツの模範都市〟の虚像・実像』（日経BP企画、二〇〇七年）

日本国内で青島と山東省について紹介したガイドブックです。青島を中心にしたガイドブックはあまり出版されていないため、同書は貴重です。現在は絶版となっていますが、多くの公立図書館で所蔵しているようです。

【参考文献】

〈単行本〉
浅田進史『ドイツ統治下の青島　経済的自由主義と植民地社会秩序』（東京大学出版会、二〇一一年）
井上寿一『第一次世界大戦と日本』（講談社現代新書、二〇一四年）
ヴォルフガング・バウアー『植民都市青島一九一四―一九三一　日・独・中政治経済の結節点』（大津留厚監訳、森宜人・柳沢のどか訳、昭和堂、二〇〇七年）
川島真・服部龍二編『東アジア国際政治史』（名古屋大学出版会、二〇〇七年）
久保亨・土田哲夫・高田幸男・井上久士『現代中国の歴史――両岸三地一〇〇年のあゆみ』（東京大学出版会、二〇〇八年）
駒込武『植民地帝国日本の文化統合』（岩波書店、一九九六年）
青島日本中学校校史編集委員会『青島日本中学校校史』（西田書店、一九八九年）
長崎総合科学大学長崎平和文化研究所『平和文化研究』第一五集、一九九二年
荻野純一、今井卓『青島と山東半島　〝ドイツの模範都市〟の虚像・実像』（日経ＢＰ企画、二〇〇七年）
山本一生『青島の近代学校――植民地教員ネットワークの連続と断絶』（皓星社、二〇一二年六月）
米村秀司『消えた学院　日中共学を実践した「青島学院」の三十年を追う』（ラグーナ出版、二〇一一年）
欒玉璽『青島の都市形成史一八九七―一九四五　市場経済の形成と展開』（思文閣出版、二〇〇九年）
『内外綿株式会社五十年史』一九三七年
〈論文〉
加藤聖文「大日本帝国の崩壊と残留日本人引揚問題」増田弘編著『大日本帝国の崩壊と引揚・復員』（慶應義塾大学出版会、二〇一二年）
川上尚恵「占領下の中国華北地方における日本語教員養成機関の役割――省・特別市立師範学校

卒業者の進路と社会での日本語需要から」『日本語教育』（一二五号、二〇〇五年四月）
「占領下の北京特別市における市公署職員を対象とした日本語教育——語学奨励試験と日本語クラスを中心に」『日本語教育』（一三二号、二〇〇七年一月）
高瑩瑩「青島社会と中国人商人の文化的役割」（森時彦編『二十世紀中国の社会システム』京都大学人文科学研究所、二〇〇九年）
黄漢青「新民印書館について」『慶應義塾大学日吉紀要 言語・文化・コミュニケーション』（四一号、二〇〇九年）
瀬戸武彦「青島《チンタオ》をめぐるドイツと日本（三）」『高知大学学術研究報告　人文科学』（第四九巻、二〇〇〇年）
張玉玲「独日の植民地支配と近代都市青島の誕生」『山口県立大学学術情報』（第二号、二〇〇九年）
山本一生「敗戦後の山東省青島における日本人教育」『旧外地の学校に関する研究——一九四五年を境とする連続・非連続、平成二三〜二五年度科学研究費補助金（基盤研究（B）一般）研究報告書』二〇一四年三月

〈調査資料〉
「海外在留邦人数調査統計平成三〇年要約版」http://www.mofa.go.jp/mofaj/files/000368753.pdf（二〇一九年一月二三日閲覧）
山口銀行国際部「青島の概況と投資環境　平成二七年一二月」https://www.yamaguchibank.co.jp/corporate/consultation/pdf/27tintao.pdf（二〇一九年一月二三日閲覧）

〈公刊史料〉
外務省文化事業部『機密　昭和十三年十一月　支那ニ於ケル日本語教育状況』
陸軍省『秘　自大正三年十一月至大正六年九月　青島軍政史』（法務省図書館所蔵）
青島軍政署『大正四年三月二十日　青島発達史』
青島守備軍民政部『大正八年十一月編纂　山東研究資料』第一編
趙琪著『膠澳志』（上中下）、一九二八年（青島檔案館編、青島城市檔案文献叢刊、青島出版社、影印版、二〇一一年）

青島守備軍民政部　『大正九年五月一日調　青島ノ教育』
外務省文化事業部　『機密　昭和十三年十一月　支那ニ於ケル日本語教育状況』

〈非刊行史料〉

昭和一六年四月一日近衛外務大臣宛高岡総領事発電信、外務省記録『在外日本人各学校関係雑件／在北支ノ部／青島第三日本国民学校』JACAR: ref B04011990000
外務省文化事業部　『機密　昭和十三年十一月　支那ニ於ケル日本語教育状況』
陸軍省　『秘　自大正三年十一月至大正六年九月　青島軍政史　第二巻』法務省図書館所蔵
『全国青島会報』（一九五五年発刊）　京都大学人文研図書館所蔵
「青島特別市市立及私立各級学校校長一覧表　二八年一一月」青島市档案館、請求番号：B0023.001.00451
『大正十年九月末調査　青島公学堂一覧』『山東占領地処分一件　別冊細目協定関係（公有財産問題参考資料）』第三巻所収、外務省外交史料館所蔵、請求番号5.2.6.21-4-13。
「青島ニ於ケル支那側教育概況報告ノ件」外務省記録『各国ニ於ケル教育制度及状況関係雑件／中国ノ部』（第二巻 JACAR: ref.B04011453600）
一九三八年一二月一六日「興亜院設置ニ伴ヒ同院ト関係各庁トノ間ニ事務分界ノ件」（防衛省防衛研究所『大日記甲輯昭和十三年』JACAR: ref.C01001669200）

〈同窓会誌〉

『青島日本中学校同窓会会誌』第五二刊
『尚志同窓会誌』第二三号
『全国青島会報』（京都大学人文学研究所所収）

［表の出典一覧］

［図2］　膠澳商埠督辦公署民政科学務股『膠澳商埠教育彙刊』（1924.12、請求番号A000815、『民国二十五年十月　青島市各学級学校一覧』青島市教育局第二科編印　請求番号A001360、青島治安維持会総務部教育科『民国二十七年十二月現在　青島特別市各級学校一覧』1938.12

請求番号 A001357、青島治安維持会総務部教育科『青島特別市各級学校一覧』1939.7　請求番号 A001355、『各級学校一覧表　三十一年一月份』請求番号 B0023.001.00418.0132、『青島市立中心国民学校及国民学校一覧表　三十五年』請求番号 B0021.003.00379.0006、『青島市市立国民学校改訂名称及劃定中心国民学校區一覧表　一九四七年四月七日』請求番号 B0024.001.01195.0075、「青島市市内公私立中等学校員生人数一覧表」B0031.003.00541.0072。以上全て青島市档案館所蔵。

[表3]「青島特別市教育局及附属機関職員一覧表　二十八年十一月」（青島市档案館所蔵、請求番号 B0023.001.00451.0069）

[表4]一九一三年及び一五年は田中次郎『山東概観』（一九一五年、二九—一二〇頁、一三〇頁）より作成、一九一六年以降は青島居留民団青島日本商業会議所『山東に於ける在留邦人の消長』（一九二七年八月、九頁）より作成した。一九一五年二月以降は年末の調査である。一九一四年の人口は不明。

[表5]渡部宗助『在外指定学校に関する歴史的研究』（昭和五六年度文部省科学研究費一般研究（C））、財団法人青島学院『昭和十七年九月青島学院商業学校青島学院実業学校青島学院紘宇高等女学校要覧』及び『青島学院情況一班（大正十年五月調）』、『大正十四年十月青島日本中学校要覧』、『青島日本高等女学校一覧　大正十四年十月』、「公共施設又ハ公共企業等ニ関スル維持経営ノ希望事項（追録）」『山東占領地処分一件　別冊　細目協定関係（公有財産問題参考資料二）』所収、JACAR: ref.B07090772200、外務省亜細亜局第二課『昭和三年九月一日調　外務省関係　在外日本人学校一覧表』、外務省記録『在支日本人各学校関係雑件（北支ノ部）青島中学校』I.1.5.0.2-4-35

[表6]校長名、在任期間は『青島日本中学校校史』（西田書店）の校長紹介から作成、出身校及び前任校は『広島高等師範学校学校一覧』各年度より作成

[表7]青島守備軍民政部『大正九年六月一日　青島ノ教育』

[表8]『青島日本高等女学校一覧　大正十四年十月』一八七頁および『広島高等師範学校学校一覧』各年度

[表9]『広島高等師範学校学校一覧』各年度

［現在の戦前日本人学校校舎］

青島中学校桜が丘校舎、青島二小［図15］

青島中学校校舎は現在、中国海洋大学魚山キャンパス食品科学エンジニア学部校舎となっている。青島二小校舎は現在、軍事施設となっているため撮影はできない。

最寄りのバス停：「大学路」（二二八路、二六路、三一六路、三二一路、五〇一路など）

A青島中学校校舎跡への行き方：

①「大学路」のバス停を降り、大学路を通って東方飯店に向かう

②大学路と魚山路が交差する陸橋（東方飯店隣）に着くと、魚山路に沿って小魚山公園の楼閣を見ながら坂道を登る

③「中国海洋大学」と書かれた太い門柱がある正門に到達する

B青島二小校舎跡への行き方

①「大学路」のバス停を降り、太平路を西に向かい天后宮の方へ進む

②太平路小学校があるY字路を北の方（常州路）に進む

③突き当たりの軍事施設が青島二小跡である。

図15　青島中学校桜が丘校舎と青島二小
2008年9月、筆者撮影

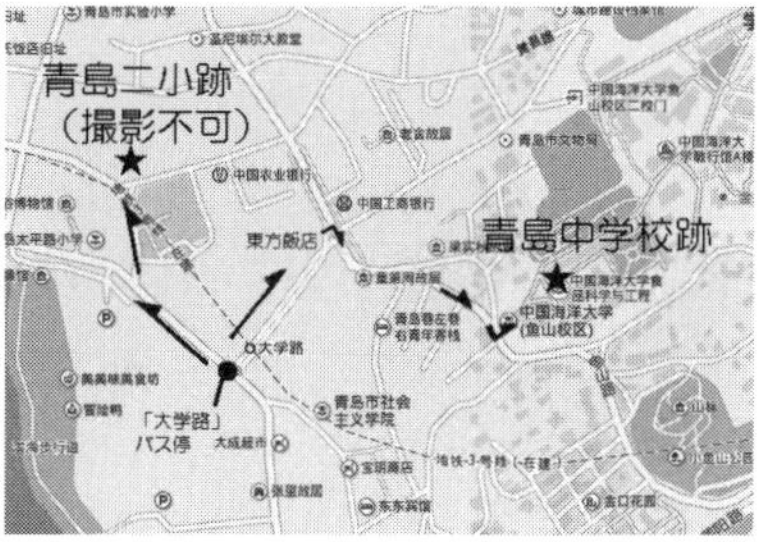

百度地図より筆者作成。
以下の地図は全て同じ。

表11　現在の戦前日本人学校校舎の使用状況

日本統治時代学校名	現在の使用状況
青島第一日本尋常高等小学校	徳愛花園ホテル
青島第二日本尋常小学校	海軍施設
青島第三日本国民学校	青島大学医学院（講堂のみ）
青島中央日本国民学校	市北区城市管理行動執法局
青島日本中学校、青島日本工業学校	中国海洋大学魚山路キャンパス
青島日本高等女学校宿舎	四季ホテル
青島学院実業学校、紘宇高等女学校	山東省立青島第青島十中学校（校舎は現存せず）
青島学院商業学校	山東省立青島第一中学校（校舎は現存せず）
四方日本尋常高等小学校	平安路第二小学校
滄口日本尋常高等小学校	山東省立青島第二十二中学校

私立青島学院商業学校［図16］

現在、青島第一中学校（日本の高校に相当）の校舎となっている

最寄りのバス停：

①「青島一中」（二〇二路）バス停の前が青島一中

②「西康路」（三二一路）汶水路を北上し、突き当たりを東に曲がる。汶水路の北東に青島一中がある。

図16　私立青島学院商業学校
2011年9月、筆者撮影

青島中学校旭校舎［図17］

現在軍事施設となっているため写真撮影はできない。

最寄りのバス停：「武勝関路」（二六路、三一六路、三二一路、五〇一路など）

私立青島学院実業学校、紘宇高等女学校［図18］

現在は「青島外事服務職業学校」となっている。校舎は現存しない。

最寄りのバス停：「館陶路」（二一一路、二二二路）

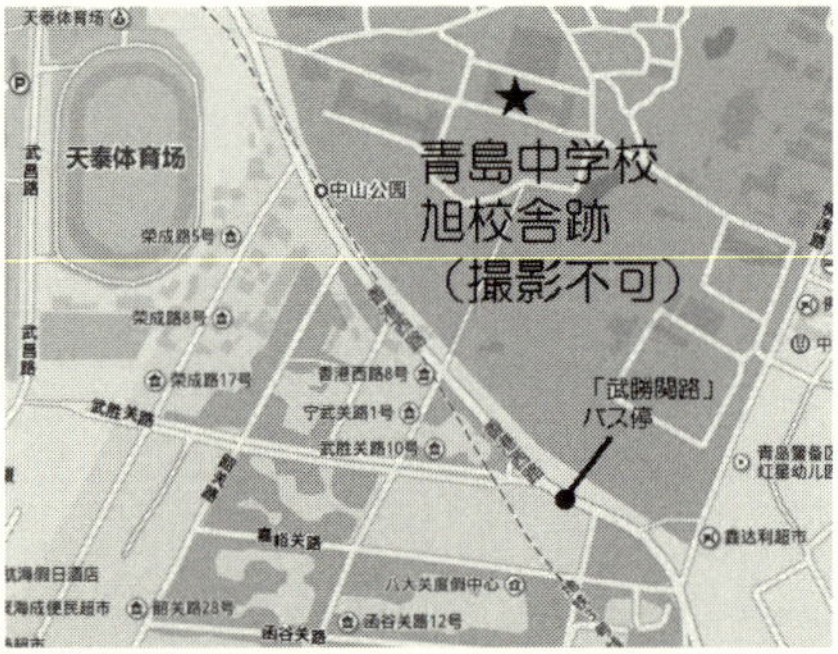

図17　青島中学校旭校舎

「大窪溝」（二〇路、二一一路、二二一路、二二三路、三六六路、四一二路、隧道一路、隧道五路）

図 18　私立青島学院実業学校、紘宇高等女学校　2015 年 9 月、筆者撮影

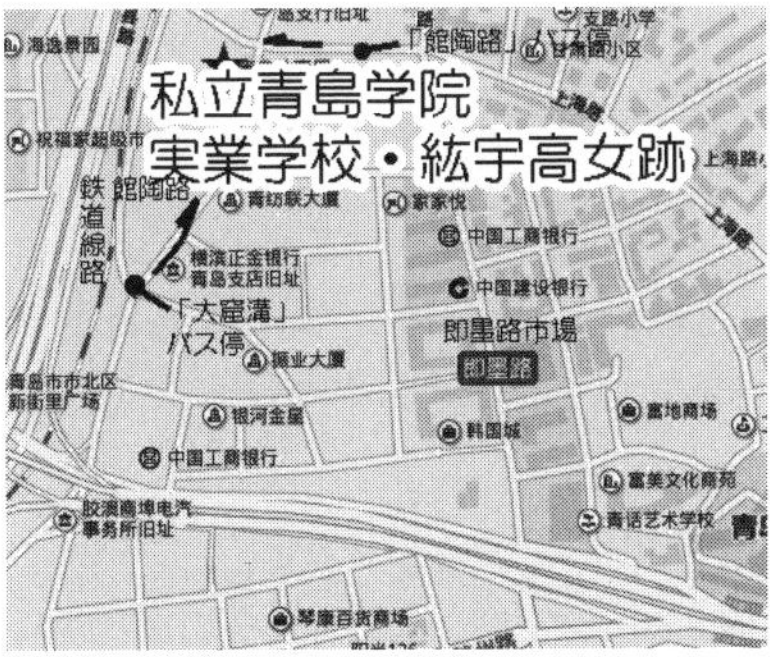

青島第一小学校と青島高等女学校［図19］

青島第一小学校は「徳愛花園大酒店」となっている。

青島高等女学校は、宿舎が「四季花園賓館」となっている。校舎は現存しない。

最寄りのバス停：「科技街」二路、二一一路、二〇九路、二二二路、三〇一路、三二〇路、隧道三路、隧道七路、隧道八路など

A青島一小跡への行き方

①「科技街」バス停から西に向かい包頭路に入り、坂道を登る

②包頭路と武定路の交差点に達したら、南に曲がる

③左手に「徳愛花園大酒店」と書かれた建物が現れる。それが一小跡である。

B青島高等女学校宿舎跡への行き方

①「科技街」バス停から遼寧路に沿って南に向かい、児童公園を通り過ぎて遼寧路と黄台路との交差点に至る

②交差点を黄台路に沿って東に曲がり、しばらく歩くと左手に「四季花園賓館」と書かれた黄土色の建物が見える。それが青島高女宿舎跡である。

図19　青島第一小学校と青島高等女学校　2012年9月、筆者撮影

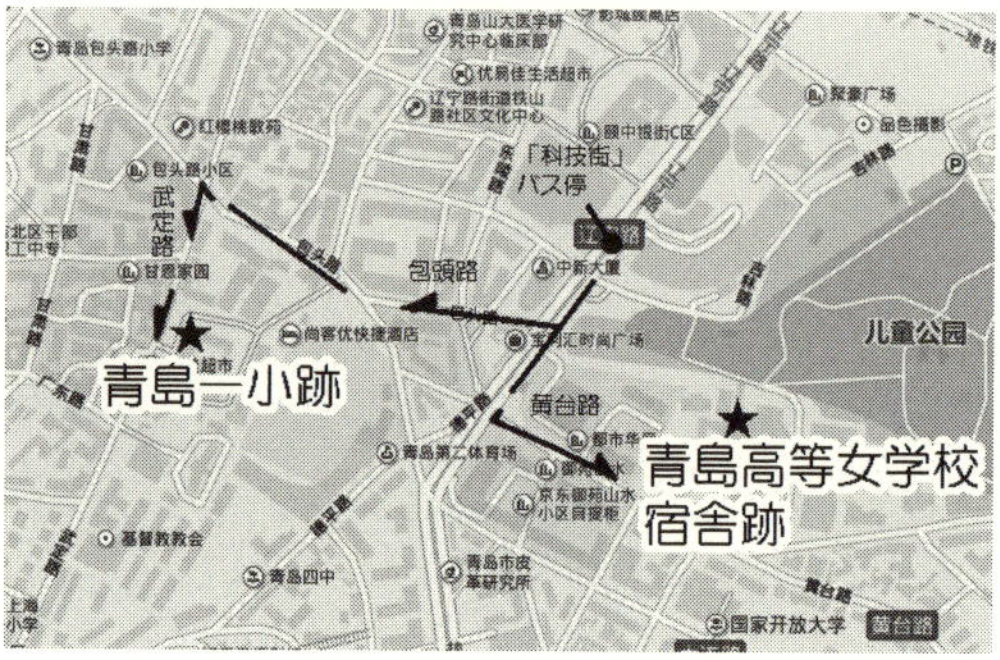

四方小学校〔図20〕

現在は「青島平安路第二小学」となっている。校舎の一部が現存している。

最寄りのバス停：「四方」二二路、二四路、三七一路、五路、二〇六路、二一〇路、三〇五路、三二二路ほか

滄口小学校〔図21〕

滄口小学校の現在は「青島二十二中」となっている。講堂のみ現存している。

最寄り：「永平路」（地下鉄三号線）

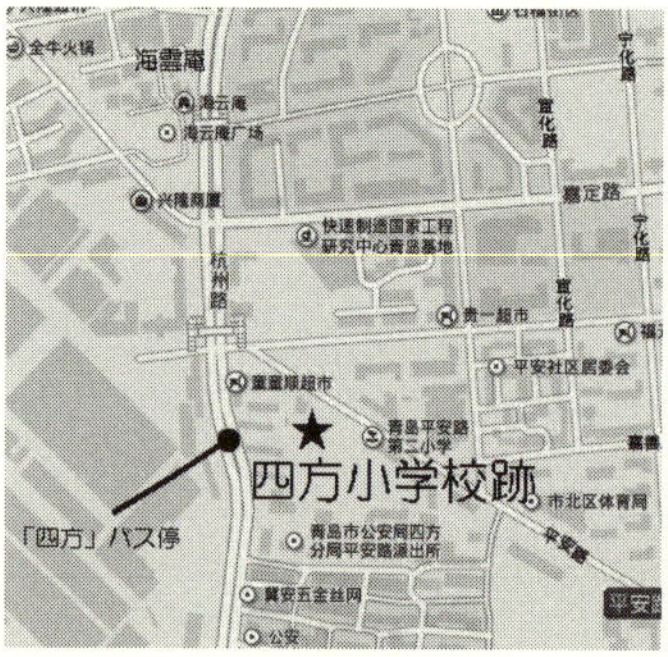

図20　四方小学校　二〇一一年一二月、筆者撮影

①永平路駅下車、振華路に沿って西へ向かい、四流中路と合流後北に向かう
②高架橋をくぐると右手に「青島第二十二中学」が見える
「振華路西」バス停、三〇五路、一二三路
①バス停で下車後、四流中路に沿って北上する
②高架橋をくぐると右手に「青島第二十二中学」が見える

図21　滄口小学校
2013年6月、筆者撮影

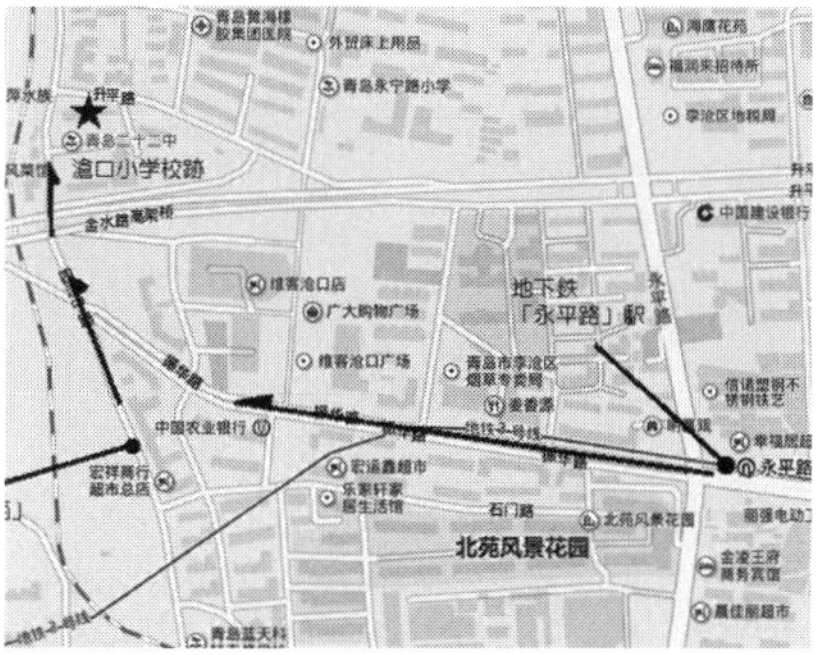

青島日本第三国民学校［図22］
青島日本第三国民学校は「青島大学医学院」となっている。
最寄りのバス停：「広饒路」二〇五路環線、二二七路、二二一路、六〇四路環線
①「青島ビール博物館」正門入口から登州路を西に向かう
②「青島天幕城」というモール街を過ぎ、Y字路を右（登州路）に曲がる
③坂を上ると、途中の右手に「松山医院」と書かれた看板が見える。その隣手前に青島大学医学院の校門がある。

なお、「広饒路」バス停からならば、坂を上ってすぐに校門に着く。

図 22　青島第三日本国民学校
2013 年 5 月、筆者撮影

青島および日本人学校関係年表

	青島関係	日本人学校関係
1897 年	ドイツ、青島を占領	
1898 年	膠州湾租借条約によって膠州湾租借地を設置	
1914 年	日本、青島を占領	
1915 年		青島小学校、李村小学校設立
1916 年		青島英学院設立 →1917 年「青島学院」と改称
1916 年		青島守備軍を設立者として青島高等女学校設立
1917 年	青島守備軍、民政部設置により軍政から民政に移行する	青島守備軍を設立者として青島中学校設立
1918 年		第一青島尋常高等小学校四方分教場設立 武定路の新校舎完成、一小となる それまでの青島小が第二青島尋常小学校として設立
1919 年	日本の山東権益に反対する「五四運動」が起こる	
1921 年		甲種商業学校として青島学院商業学校設立
1922 年	「山東還附」により青島は中華民国北京政府に返還、「膠澳商埠」となる	
1923 年		青島守備軍の撤退に伴い、軍立の日本人学校は青島居留民団に引き継がれ、外務省の管轄となる 四方日本尋常高等小学校、第一青島尋常高等小学校四方分教場を引き継いで設立 滄口日本尋常高等小学校、李村小学校を引き継いで設立
1924 年	私立青島大学（現在の中国海洋大学の前身）設立	
1928 年	南京国民政府の直轄市として「青島特別市」となる	
1937 年	日中戦争勃発、12 月に青島市政機関（中国国民党政府）が撤退する	
1938 年	日本の指揮下で「青島治安維持会」発足	
1939 年	「青島特別市公署」発足（のち中華民国臨時政府の管轄となる）	
1941 年		青島第三日本国民学校設立
1945 年	日本、敗戦。戦後南京国民政府での「青島市」発足	10 月末までに全ての日本人学校は閉鎖される 12 月より日本人の引き揚げが始まる
1949 年	中国共産党解放軍、青島に進駐 中華人民共和国建国	
1972 年	日中共同声明に著名し、日中国交正常化が成立	
1978 年	日中平和友好条約締結	
1990 年		青島日本人会発足
2000 年		北京日本人学校による夏季巡回指導として青島日本人補習授業校開校
2004 年		青島日本人学校設立
2008 年		青島日本人学校、新校舎に移転

著者紹介

山本一生（やまもと　いっせい）

1980年生まれ。

2011年東京大学大学院教育学研究科博士課程修了。博士（教育学）。

専攻は日本教育史、中国教育史、都市史。

現在、上田女子短期大学総合文化学科専任講師。

主著書として、『青島の近代学校：植民地教員ネットワークの連続と断絶』（皓星社、2012年）、『京都大学人文科学研究所所蔵：華北交通写真資料集成』（国書刊行会、2016年、共著）、論文として「「外地」の商業学校の学科課程における商業教育の意義と編成方法：私立青島学院商業学校を事例として」（『植民地教育史研究年報』Vol.19、2017年）、「中華民国期山東省青島における公立学校教員：「連続服務教員」に着目して」（『史学雑誌』123編11号、2014年）など。

青島と日本　日本人教育と中国人教育

2019年2月15日　印刷
2019年2月25日　発行

著者　山本　一生
発行者　石井　雅
発行所　株式会社　風響社

東京都北区田端4-14-9（〒114-0014）
Tel 03（3828）9249　振替00110-0-553554
印刷　モリモト印刷

Printed in Japan 2019© I.Yamamoto
ISBN987-4-89489-411-2　C0022